Quiero Tocar la GUITARRA

por Victor M. Barba

Nivel 1

www.melbay.com/22162BCDEB Online Audio

Contenido del audio

1	Estudio Para Guitarra No. 1	20	Estudio Para Guitarra No. 20	39	Tres Dias Sin Ti	57	Mil Espejos
2	Estudio Para Guitarra No. 2	21	Escala de Do Mayor	40	Eres El Sol	58	Mi Malagueña
3	Estudio Para Guitarra No. 3	22	Escala de Sol Mayor	41	Reencuentro	59	Himno A La Alegria
4	Estudio Para Guitarra No. 4	23	Escala de Re Mayor	42	Sueños De Fama	60	La Cucaracha
5	Estudio Para Guitarra No. 5	24	Escala de La Mayor	43	Respirando Amor	61	El acorde de Mi menor (Em)
6	Estudio Para Guitarra No. 6	25	Escala de Mi Mayor	44	Repitelo Otra Vez	62	El acorde de La menor (Am)
7	Estudio Para Guitarra No. 7	26	Escala de Si Mayor	45	Un Amigo Nada Mas	63	Ritmo de Balada
8	Estudio Para Guitarra No. 8	27	Escala de Fa Mayor	46	Abrazame Ahora	64	Ritmo de Balada Ranchera
9	Estudio Para Guitarra No. 9	28	Escala de Si♭ Mayor	47	Marcha Naval	65	Ritmo de Balada Romantica
10	Estudio Para Guitarra No. 10	29	Escala de Mi♭ Mayor	48	Una Triste Canción	66	Ritmo de Corrido
11	Estudio Para Guitarra No. 11	30	Escala de La♭ Mayor	49	Di Que Si	67	Ritmo de Bolero
12	Estudio Para Guitarra No. 12	31	Escala de La menor natural	50	La Brisa De Verano	68	Ritmo de Cumbia
13	Estudio Para Guitarra No. 13	32	Escala de La menor armonica	51	La Bamba Loca	69	Ritmo de Balada Pop
14	Estudio Para Guitarra No. 14	33	Escala de La menor melodica	52	Melancolia	70	Ritmo de Pop
15	Estudio Para Guitarra No. 15	34	Escala de Mi menor pentatonica	53	Cumbia Alegre	71	Ritmo de Rancherita
16	Estudio Para Guitarra No. 16	35	Escala de Blues en Mi	54	Con Las Olas	72	Ritmo de Balada
17	Estudio Para Guitarra No. 17	36	Simplemente	55	Mi Pareja Ideal	73	Escala de Do en terceras
18	Estudio Para Guitarra No. 18	37	El Primer Dia Que Te Vi	56	Mi Ranchito	74	Escala de Re en terceras
19	Estudio Para Guitarra No. 19	38	Sin Tus Ojos				

WWW.MELBAY.COM

Teoria Basica

El Pentagrama.

El **Pentagrama** es la base para escribir la música. Toda la música se escribe sobre un **Pentagrama**. El **Pentagrama** tiene 5 líneas y 4 espacios. La primer línea es la de abajo y la quinta línea es la de arriba.
Las notas se pueden escribir en las líneas o en los espacios. Los nombres de las notas se toman de acuerdo al lugar en dónde se colocan en el **Pentagrama**.

El Pentagrama

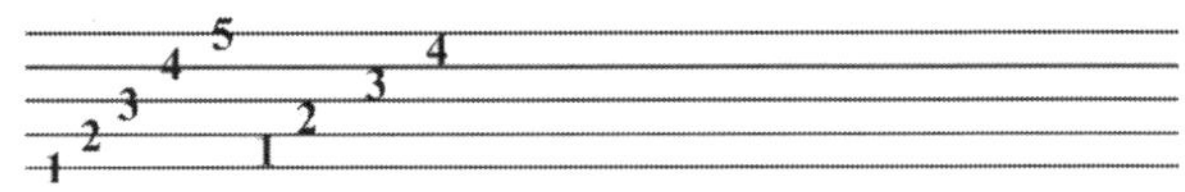

La Clave De Sol y La Clave de FA.

La clave de SOL se usa para identificar las notas en el pentagrama. **La clave de Sol** es un símbolo que usan los instrumentos cómo la guitarra, la trompeta, la flauta, el violin y muchos más que usan notas agudas, o notas altas.
El piano usa dos claves, la de Sol y la de FA. Normalmente **la clave de SOL** es para la mano derecha, y **la clave de FA** es para la mano izquierda.
La Clave de FA se usa para el bajo, el cello, el contrabajo y el trombon.

Clave de SOL　Clave de FA

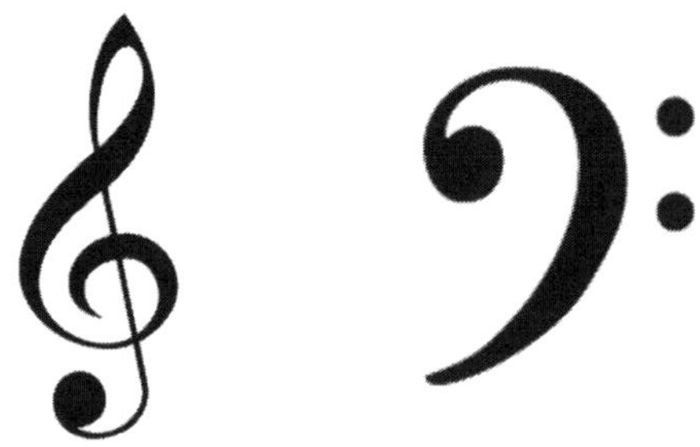

El Compás.

La música se divide por **compáces**. Un **compás** es la distancia que hay entre dos barras de **compás**.
Al final de cada canción o pieza musical, se escribe una doble barra de **compás**. Un **compás** de 4/4 tiene cuatro notas de un tiempo, o ocho notas de medio tiempo. Un **compás** de 3/4 tiene solo tres notas de un tiempo o seis notas de medio tiempo.

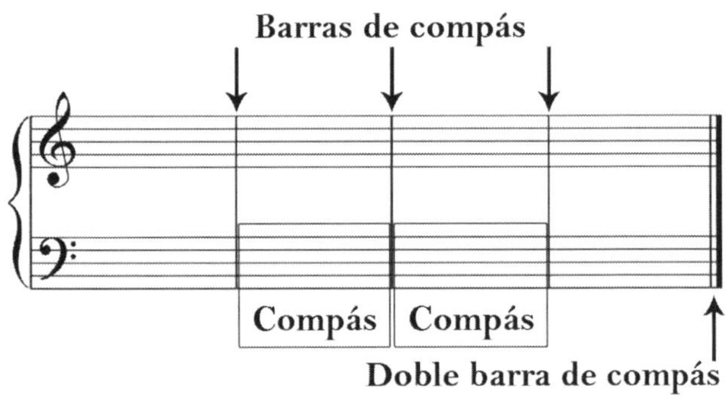

La Barra de Compás.

Las Barras de compás son las líneas verticales que atraviezan el pentagrama, desde la primera línea hasta la quinta línea. Hay varios tipos de **barra de compás**, normal, doble, punteada etc. Las más comúnes son: La normal y la **doble barra de compás**.

La Clave Del Tiempo.

Depende del estilo de música que vayas a tocar, se usa diferente **clave del tiempo**. Para una ranchera o un valz, se usa 3/4, para un corrido por ejemplo, se usa el 2/4. La mayoria de baladas o rock son en 4/4, también está el tiempo de 6/8 o 3/8.
Algúnas personas le llaman compás de 4/4 o compás de 6/8. El número de arriba te dice cuantas notas debes de tocar en el compás, y el número de abajo te indica que tipo de notas debes de usar.

La Clave Del Tiempo

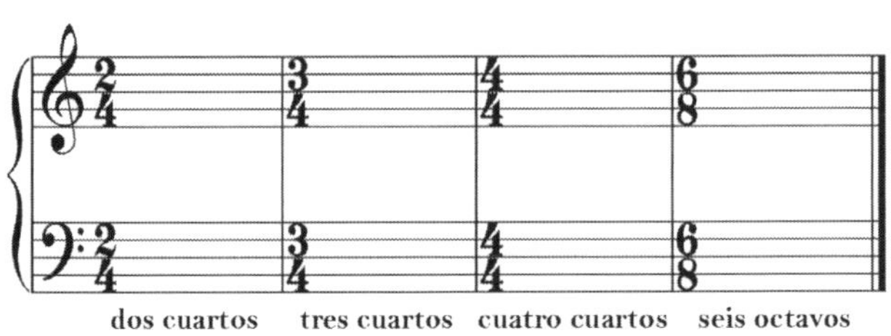

Las Notas.

Para leer y escribir música ocupas las notas. Hay varios tipos de notas con diferente valor cada una.
Las más comunes son: **La Redonda**, que dura 4 tiempos. **La Blanca**, que dura 2 tiempos. **La Negra**, ésta nota dura 1 tiempo y **La Corchea**, que dura un octavo. o la mitad de un tiempo.

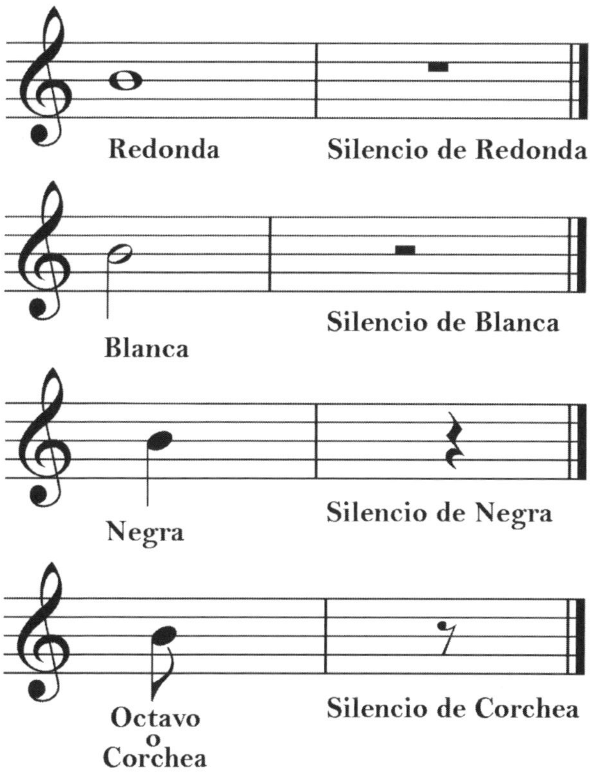

Los Silencios.

El silencio es también es muy importante en la música. Por cada una de las notas musicales hay un sílencio que le corresponde. Fíjate en el dibujo de la derecha y compara las notas con sus respectivos sílencios.

Los Nombres De Las Notas.

Hay 7 notas musicales: Do - Re - Mi - Fa - Sol - La - Si.
Despues de la nota de Si, se vuelve a repetir todas las notas otra vez y otra vez: Do - Re - Mi - Fa - Sol - La - Si - Do - Re - Mi - Fa - Sol - La - Si - Do - Re - Mi etc.
En el idioma ingles, en lugar de nombres usan letras:
C - D - E - F - G - A - B.

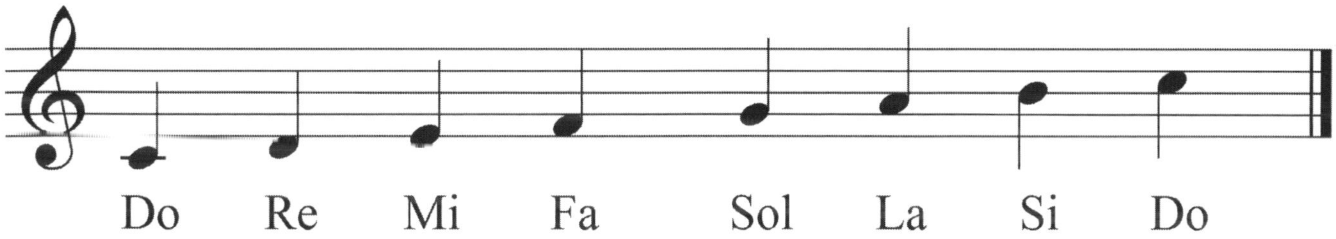

Símbolos Musicales.

Hay muchos símbolos en la música, estos son solo algúnos de ellos.
Las Alteraciónes:
El sostenido (♯) que sube el sonido de la nota medio tono, **el bemol** (♭) que baja el sonido de la nota medio tono y **el Becuadro** (♮) que cancela el sostenido y el bemol.
También está el Calderón (𝄐) que detiene el tiempo para alargar la duración de las notas, normalmente al doble de su valor original.

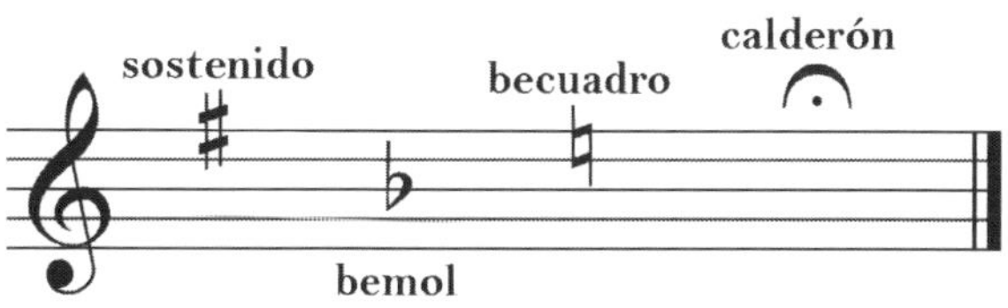

Símbolos De Repetición.

Estos son algunos símbolos que se usan para repetir un trozo de música, o una canción completa.

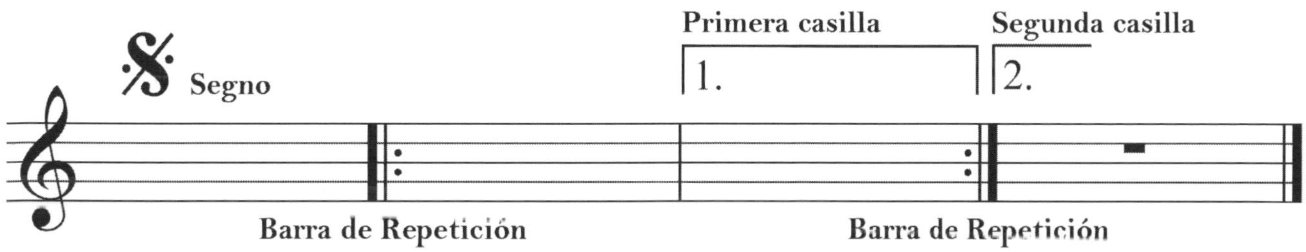

Acordes y Tab

Aprende a leer la tablatura.

La tablatura se ha usado desde hace muchos años y es una forma muy facil de leer las notas.
En muchos libros la vas a encontrar, asi que es bueno que sepas como leerla y como usarla.

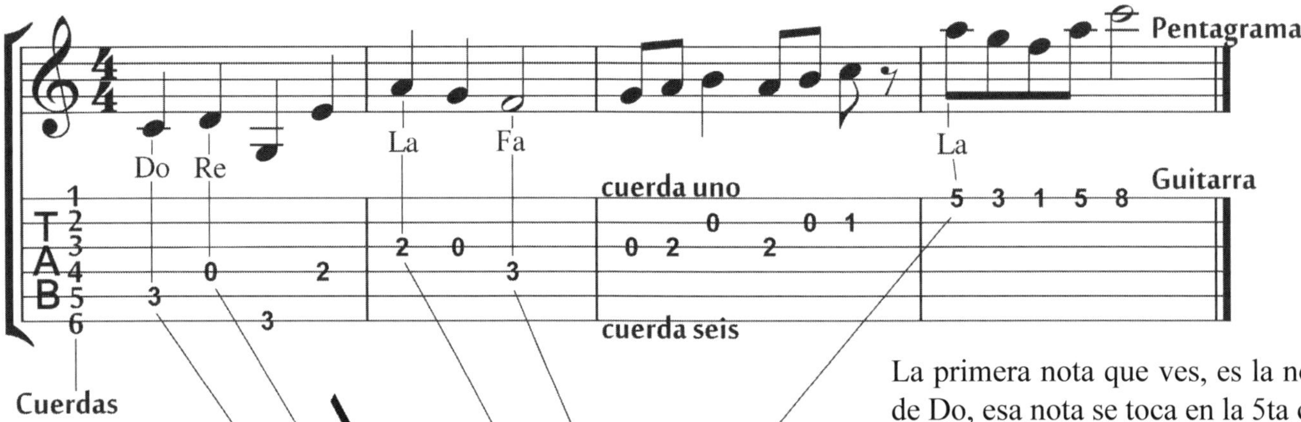

Fíjate que la guitarra está al revez.

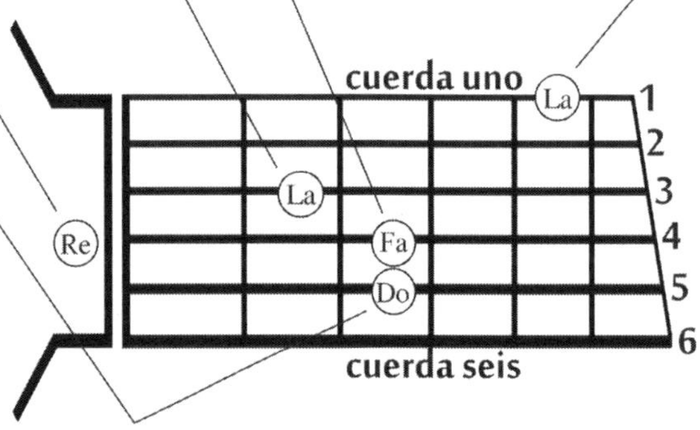

La primera nota que ves, es la nota de Do, esa nota se toca en la 5ta cuerda, apretando el tercer traste, por eso tiene el número tres.
Los números que ves en **la ta-blatura** te indican el número de traste que debes apretar.
Fíjate en el dibujo y le vas a entender mejor.

Como leer los acordes.

Los acordes se tocan con la mano izquierda. Con la mano derecha puedes hacer arpegios, (tocar cuerda por cuerda) o hacer ritmos tocando a la vez varias cuerdas, o rasgando todas las cuerdas. Siempre que toques trata de tocar lo más clarito que puedas. Algunos acordes no usan todas las cuerdas de la guitarra, como el acorde de Re Mayor. El acorde de Fa Mayor es uno de los más tardados para tocar.

Muchos libros de Música, aun en español, tienen los nombres de los acordes en ingles, o sea con letras, en lugar del nombre de la nota en español. Aqui está la referencia de las notas y letras para que te la memorices.

Do=C
Re=D
Mi=E
Fa=F
Sol=G
La=A
Si=B

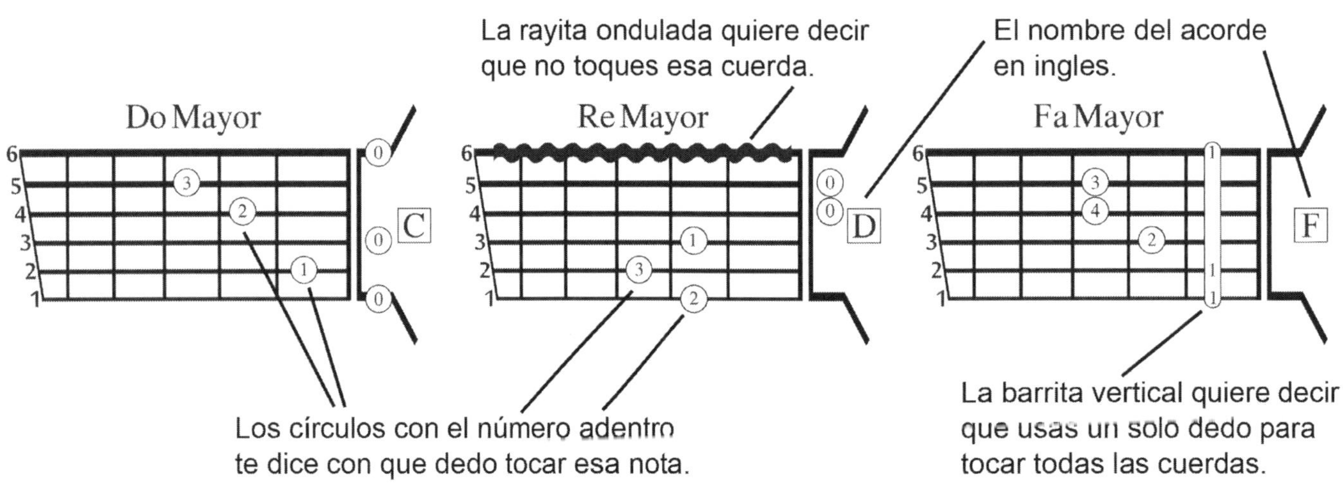

En la guitarra.

Usa la postura correcta.

Al tocar la guitarra, o cualquier otro instrumento, es importante que no estes tenso. Los musculos se cansan al mantener la misma postura, así que siempre que te sientas un poco tenso, relajate, estira las manos y descansa un poco, y luego sigues estudiando.

La guitarra electrica normalmente se toca de pie.

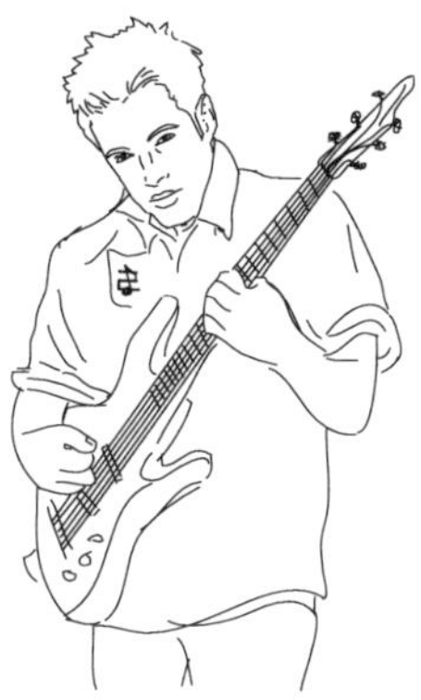

La guitarra acustica normalmente se toca sentados.

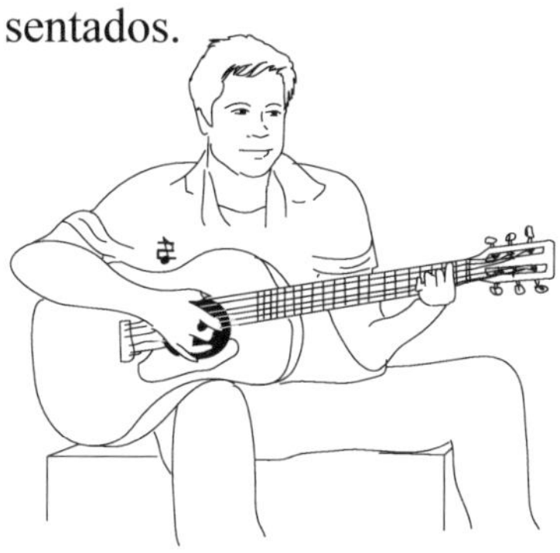

Puedes usar una uña de plastico o todos los dedos de la mano derecha.

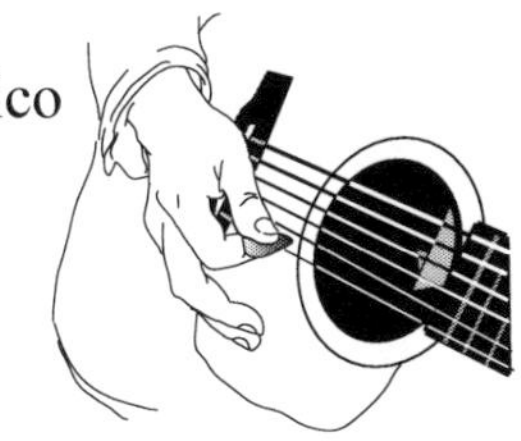

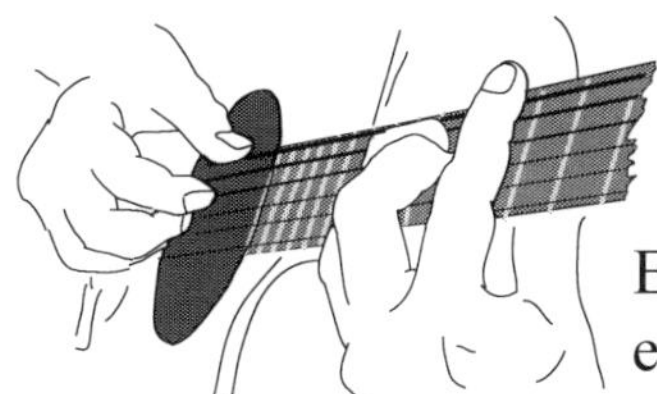

El pulgar de la izquierda es para apoyar la mano.

Los acordes y melodias se tocan con cuatro dedos de la mano izquierda.

Los dedos de las manos.

La guitarra se toca con la mano izquierda usando cuatro dedos. Con la mano derecha usas todos los dedos de las manos, y algunas veces o con algunos ritmos puedes usar uñas de plastico. Los rasgueos son tocando todas las cuerdas al mismo tiempo, o se puede también puntear las cuerdas.

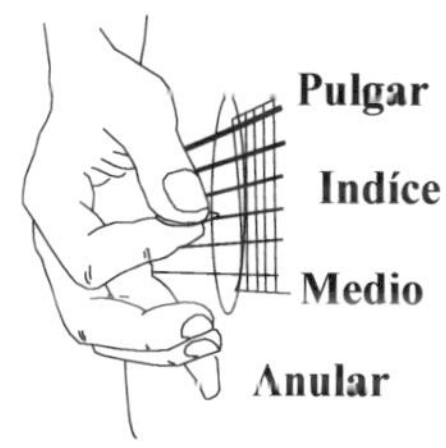

Mano derecha.

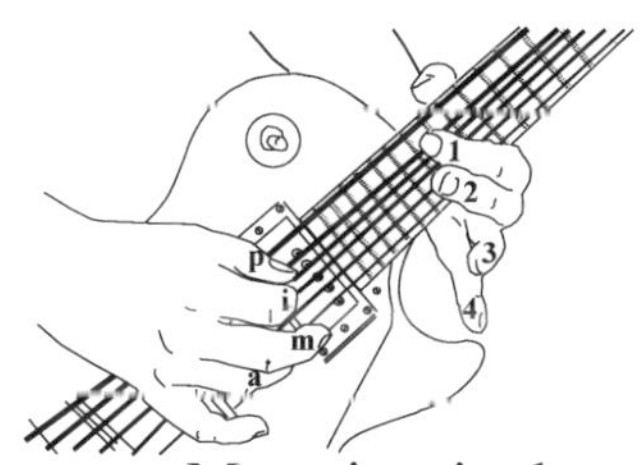

Mano izquierda.

Las notas en la guitarra.

La misma nota se puede tocar en varias partes de la guitarra y el orden de las notas es el mismo para todos los instrumentos. En la grafica de abajo están las notas en orden. Despues del traste número doce las notas se repiten.

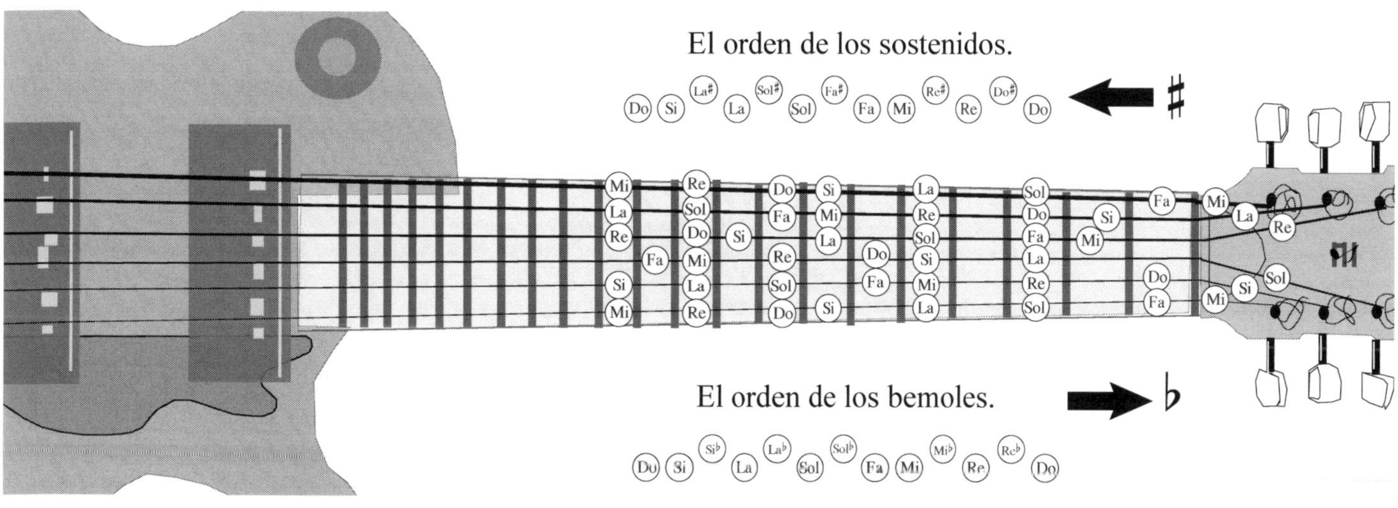

Afinación

Como afinar la guitarra.

Afinación con un piano ó teclado.

Hay varias formas de afinar la guitarra. Se puede afinar usando un piano o teclado. Toca la nota de Mi en el piano y comparala con la sexta cuerda de la guitarra, el sonido debe de oirse igual. Luego tocas la nota de La, y lo comparas con la quinta cuerda de la guitarra, y asi tocas de una por una, hasta que se oigan todas igualitas.

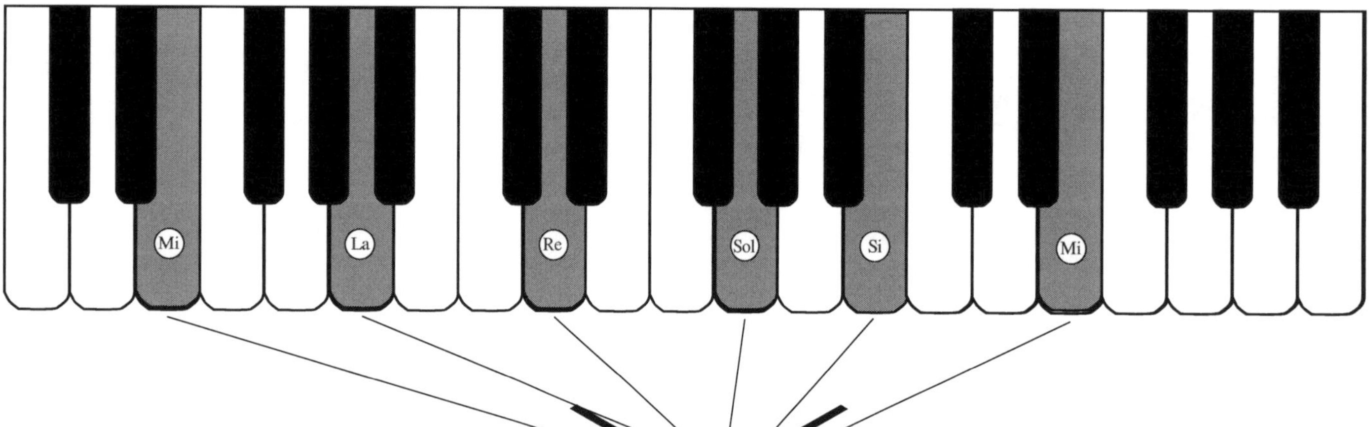

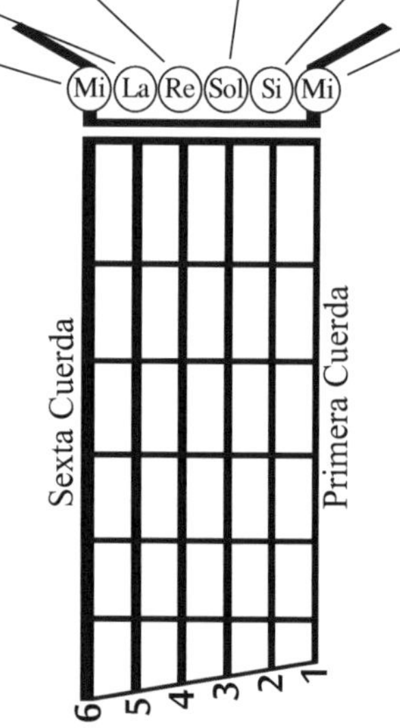

Recuerda que la sexta cuerda al aire es Mi, por lo tanto se debe de oir igual que la nota de Mi en el piano.

La quinta cuerda es La al aire, toca la nota de La en el piano y comparala con la quinta cuerda al aire, aprieta la cuerda o aflojala, hasta que se escuche igual.

La cuarta cuerda es Re al aire. Re está al lado derecho del Do central en el piano, y se deben de oir iguales. La tercer cuerda es Sol, la segunda cuerda es Si, y la primer cuerda es Mi.

Ten cuidado de no romper las cuerdas.

Afinacion Relativa

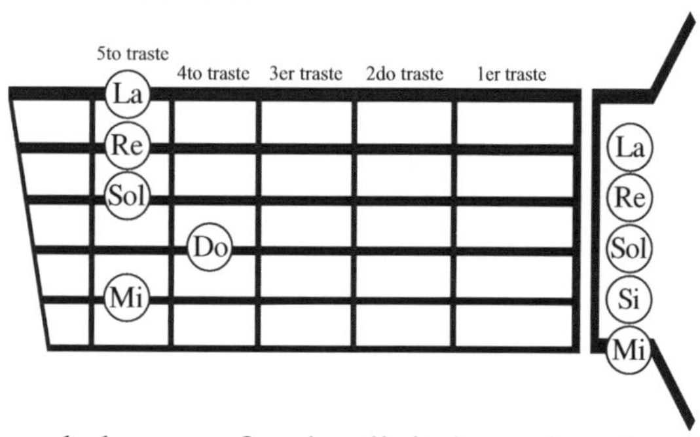

Si no tienes un teclado o un afinador digital, puedes afinar la guitarra relativamente. Toca la nota de La en la sexta cuerda, en el 5to traste, y al mismo tiempo toca la nota de La en la quinta cuerda al aire. Como las dos notas son La, pues se deben escuchar iguales.

Luego toca Re, que se toca en la quinta cuerda, en el 5to traste, y lo comparas con el otro Re que está en la cuarta cuerda al aire. Así comparas todas las notas, Sol 5to traste, con Sol al aire etc.

Afinadores Digitales.

Hay varios tipos de afinadores digitales, algunos tienen una luz verde para indicar cuando la cuerda está afinada. Otros tienen una aguja que se coloca en el centro y así sabes cuando la cuerda está afinada. Aún con estos afinadores debes de usar el oido para afinar mejor la guitarra. Hay algunos que se pueden conectar con un cable a las guitarras eléctricas, así es más facíl afinar las cuerdas. Sí te cuesta trabajo al principio, pide ayuda a tu maestro o algun amigo que sepa afinar guitarra, para que no corras el riesgo de romper las cuerdas.

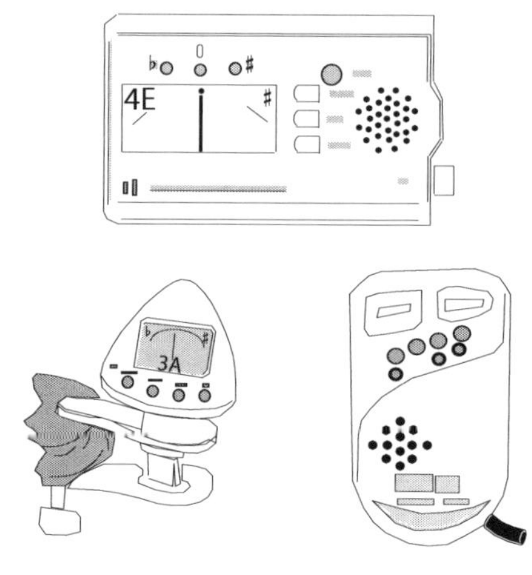

Estudios para Guitarra

Como tocar los estudios.

Ésta es la mejor forma de practicar los estudios, toca cada uno, las veces que sea necesario, hasta que lo puedas tocar 10 veces seguidas sin equivocarte. Siempre lo debes de tocar a tiempo, que se oiga igualito que en el CD. Si lo tocas más o menos bien, sin estar completamente seguro de como tocarlo, y quieres adelantarte al que sigue, y al que sigue...no vas a estar preparado, y te vas a tardar más en aprender.
Asi que ten paciencia y toca cada uno minimo 10 veces seguidas.

La Nota De Mi

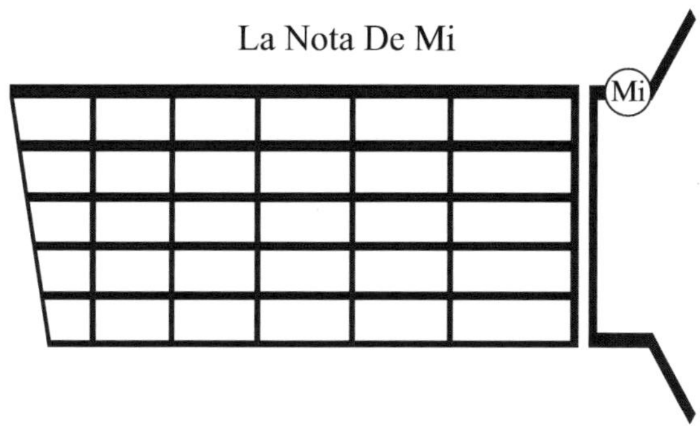

Estudio Para Guitarra No. 1

Lento ♩ = 70

(Cuerda No. 6 - Al Aire)

Easy Music School

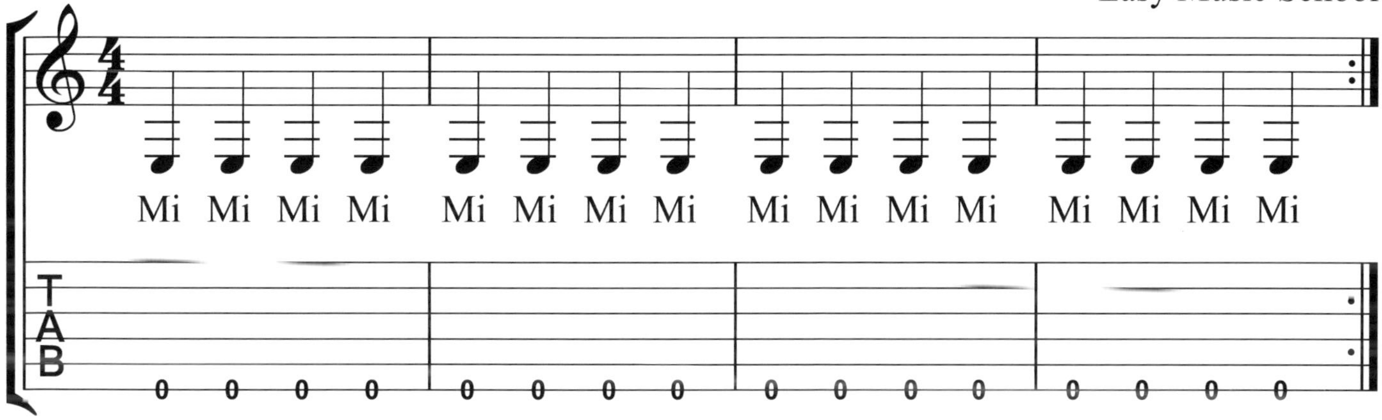

Los estudios del número uno al número seis, te sirven para afinar la guitarra. Siempre que vayas a tocar, procura que la guitarra esté bien afinada.
La cuerda número uno, la más delgadita, se rompe fácilmente, así que debes tener cuídado al afinarla. Preguntale a tu maestro o algun amigo o familiar para que te ayude al principio, y despues tu podras afinarla solo.

La Nota De La

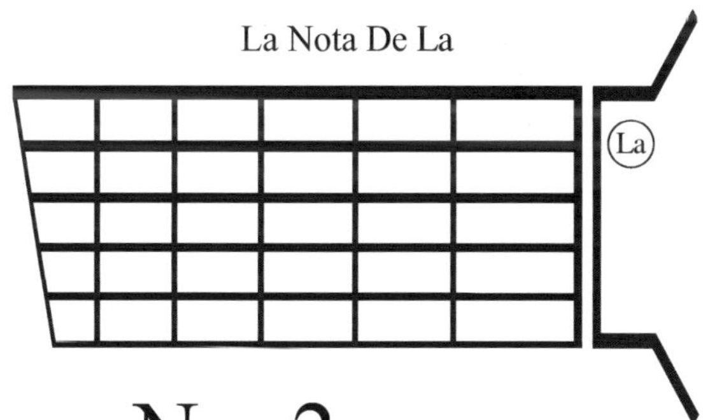

Estudio Para Guitarra No. 2

Lento ♩ = 70

(Cuerda No. 5 - Al Aire)

Easy Music School

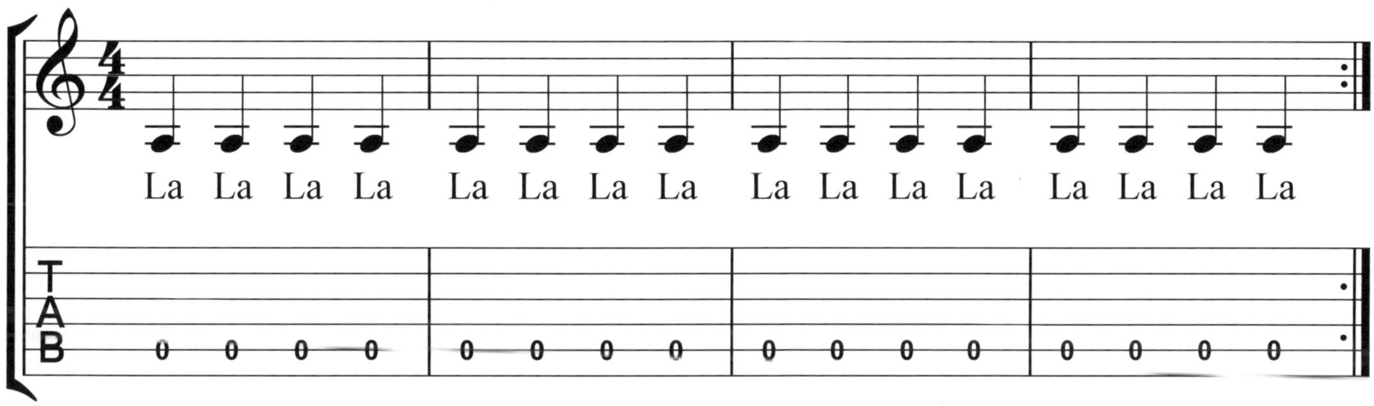

Ésta es la cuerda de Re al aire ó abierta, es la cuarta cuerda. En la tablatura puedes ver que está el 0 en la cuarta cuerda, eso quiere decir lo mismo, que tocas la cuarta cuerda de la guitarra sin apretar nada con la mano izquierda.
Siempre toca bien clarito y a tiempo. Puedes hacer estos estúdios con el dedo pulgar de la derecha o con una uña de plastico.

La Nota De Re

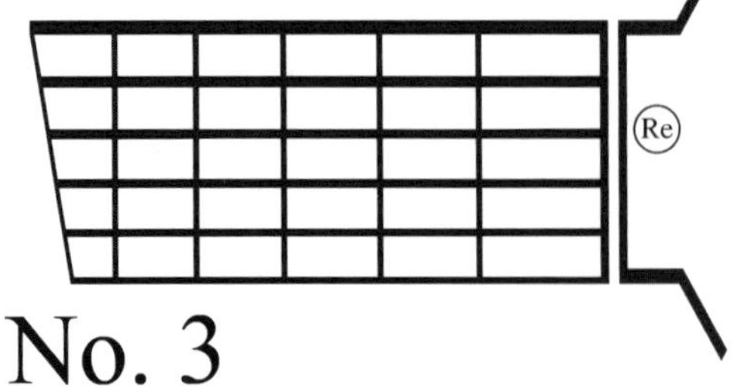

Estudio Para Guitarra No. 3

(Cuerda No. 4 - Al Aire)

Lento ♩ = 70

Easy Music School

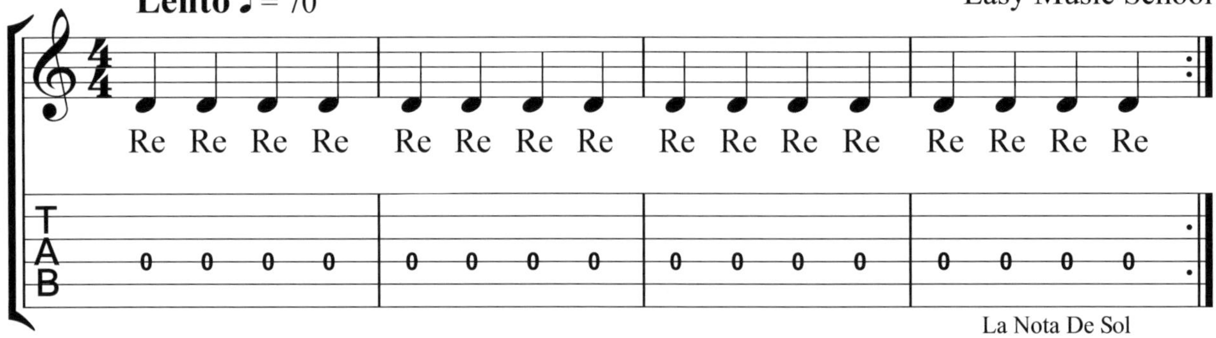

La Nota De Sol

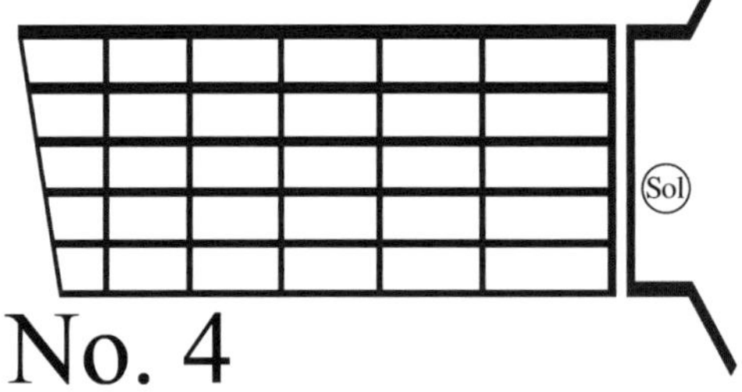

Fíjate en el pentagrama del estudio no. 4, está la nota de Sol en la segunda línea, y si te fijas en la clave de Sol, hace un círculo al rededor de la segunda línea, por eso la segunda linea se llama Sol.

Estudio Para Guitarra No. 4

(Cuerda No. 3 - Al Aire)

Lento ♩ = 70

Easy Music School

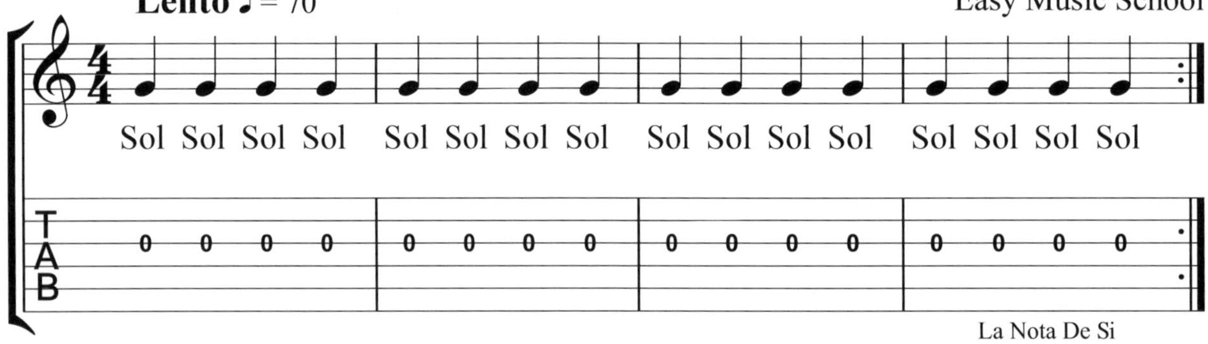

La Nota De Si

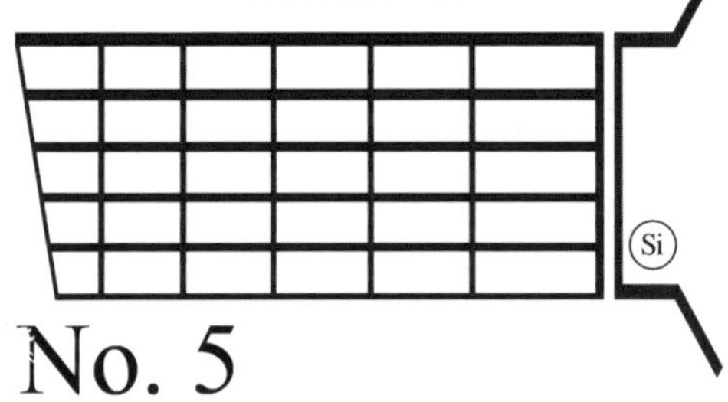

Aquí tienes la nota de Si durante todo éste estudio. Se toca en la segunda cuerda al aire o abierta. No confundas las líneas del pentagrama (Que son cinco) con las cuerdas en la tablatura (Que son Seis).

Estudio Para Guitarra No. 5

(Cuerda No. 2 - Al Aire)

Lento ♩ = 70

Easy Music School

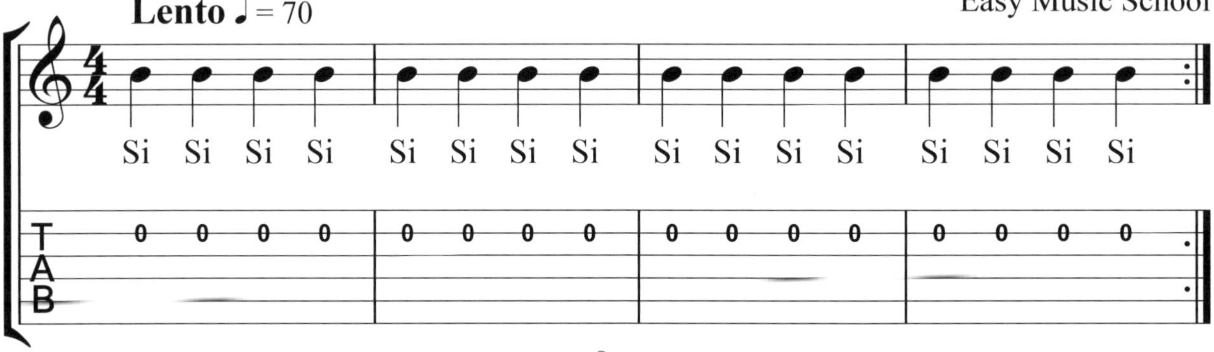

Ésta es la cuerda más delgadita en la guitarra. Es la nota de Mi. Fíjate que en el pentagrama está en el cuarto espacio, en la parte de arriba del pentagrama. Si te fijas en la tablatura está hasta la parte de abajo. Aúnque esté al revez, no importa, poco a poco te iras acostumbrando.

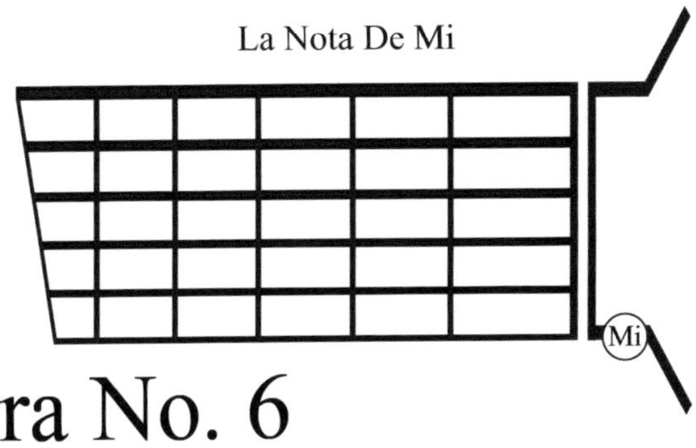

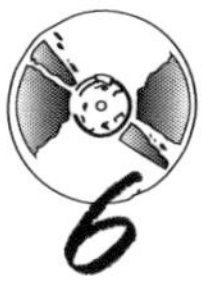

Estudio Para Guitarra No. 6

(Cuerda No. 1 - Al Aire)

Lento ♩ = 70

Easy Music School

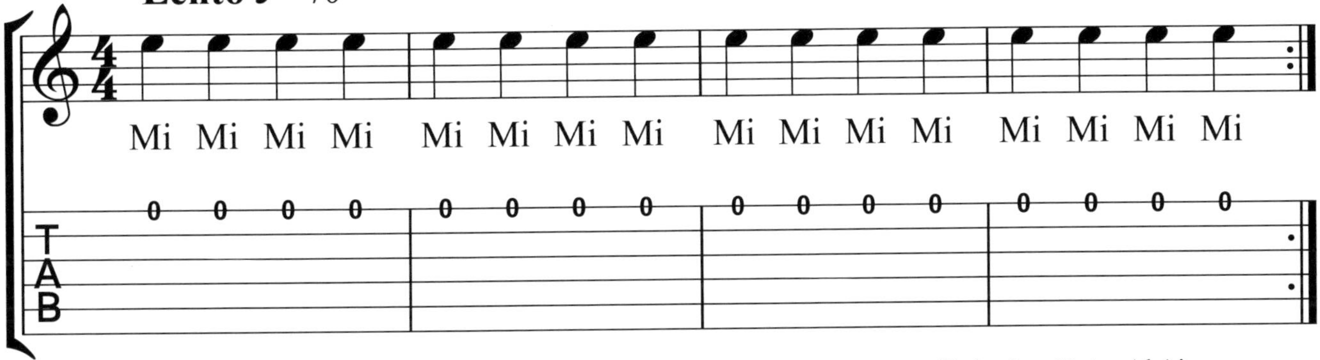

En el estudio no 7 tienes la oportunidad de tocar todas las cuerdas al aire. En los dos primeros cómpaces toca la sexta y la quinta cuerda, en los dos que siguen toca la cuarta y tercera cuerda, y por último toca la segunda y primera cuerda. Éste estudio es el mejor para asegurarte que la guitarra siempre esté afinada.

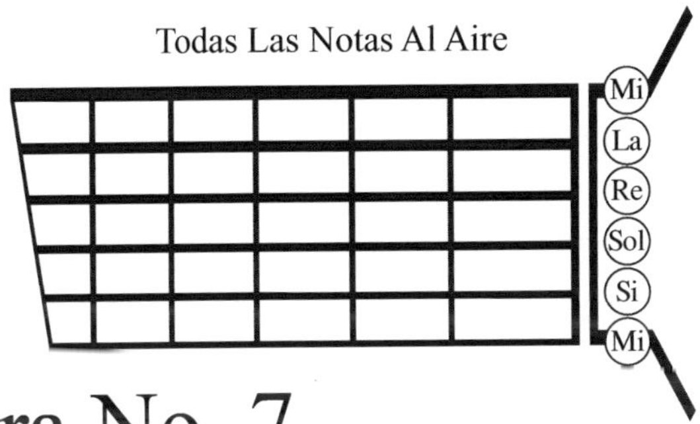

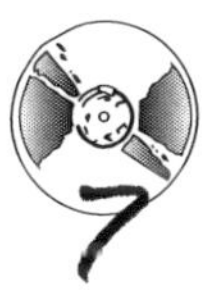

Estudio Para Guitarra No. 7

(Todas Las Cuerdas Al Aire)

Moderato ♩ = 75

Easy Music School

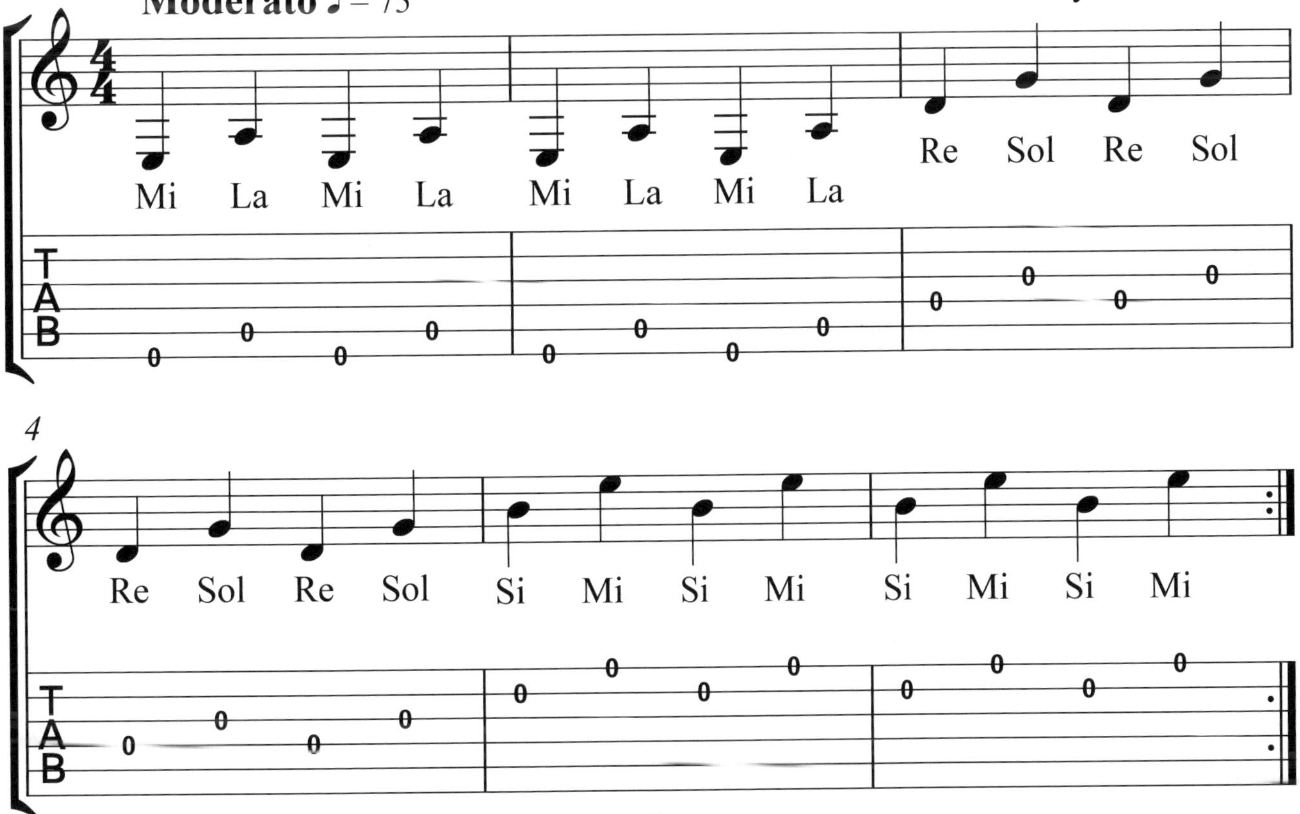

Éste estudio es para que aprendas a pisar las cuerdas. Toca la sexta cuerda en el primer traste, esa nota es la nota de Fa. Fíjate que está en la línea de abajo de la tablatura, y tiene el número uno porque se toca en el primer traste.

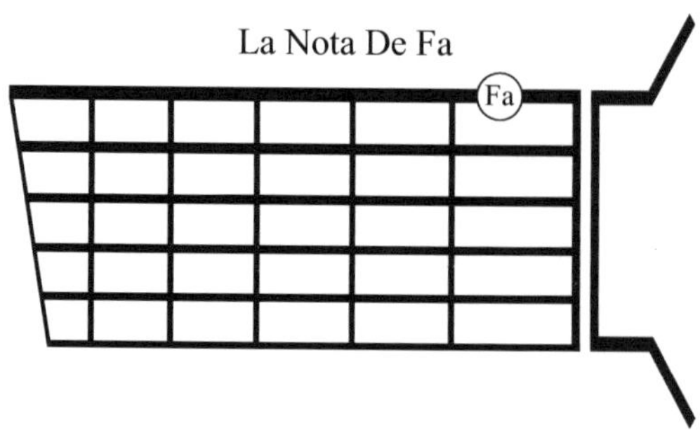

Estudio Para Guitarra No. 8

(El Primer Traste)

Moderato ♩ = 75

Easy Music School

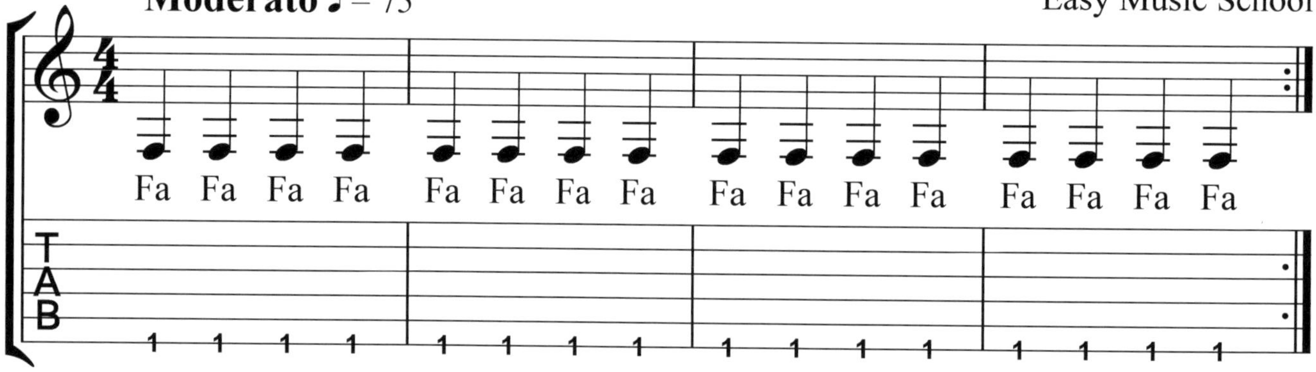

Ahora que ya sabes como apretar una cuerda, éste estudio te servirá para aprender a tocar todas las cuerdas de la guitarra. En la tablatura estan los números 1 y 2, trata entonces de tocar con dos dedos, el uno y el dos. La nota de Fa tocala con el dedo uno, y la nota de Fa♯ tocala con el dedo dos.

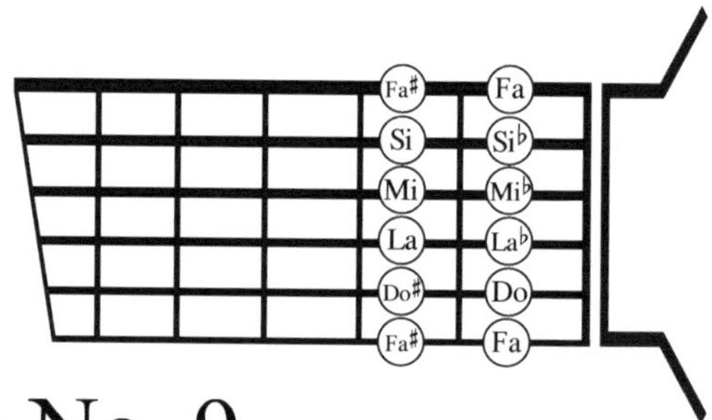

Estudio Para Guitarra No. 9

(Todas Las Cuerdas)

Moderato ♩ = 70

Easy Music School

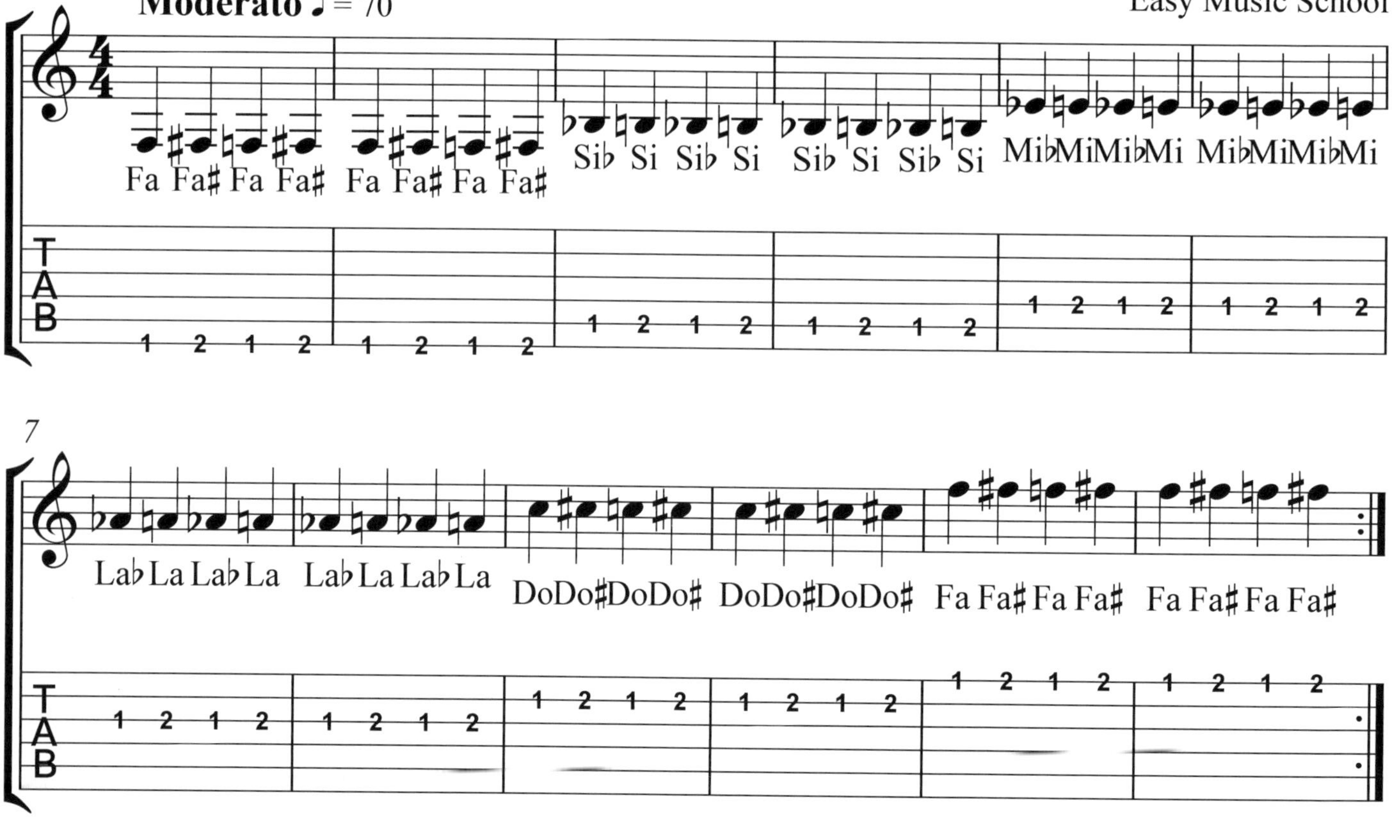

Aquí tienes la oportunidad de aprenderte de memoria cuatro notas en la prímera cuerda, Mi - Fa - Fa♯ y Sol. La nota de Mi se toca al aire, o sea sin apretar ningun traste con la mano izquierda. La nota de Fa se toca en el primer traste, la nota de Sol se toca en el tercer traste, fíjate que el Fa♯ está en medio de Fa y Sol, en el segundo traste, el sostenido (♯) te indica que la nota se toca medio tono más alto.

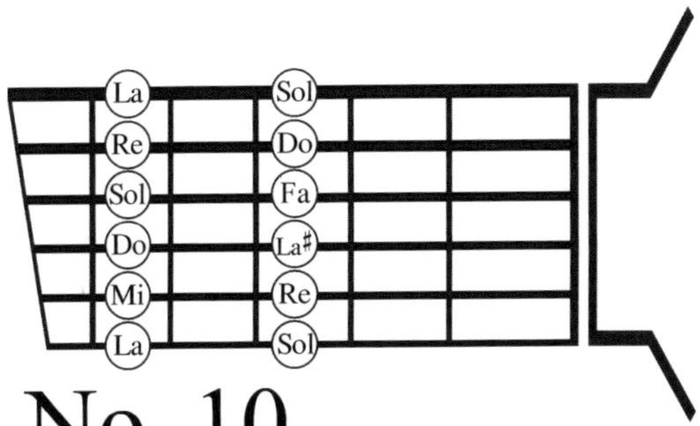

Estudio Para Guitarra No. 10

(La Primera Cuerda)

10

Moderato ♩ = 120 Easy Music School

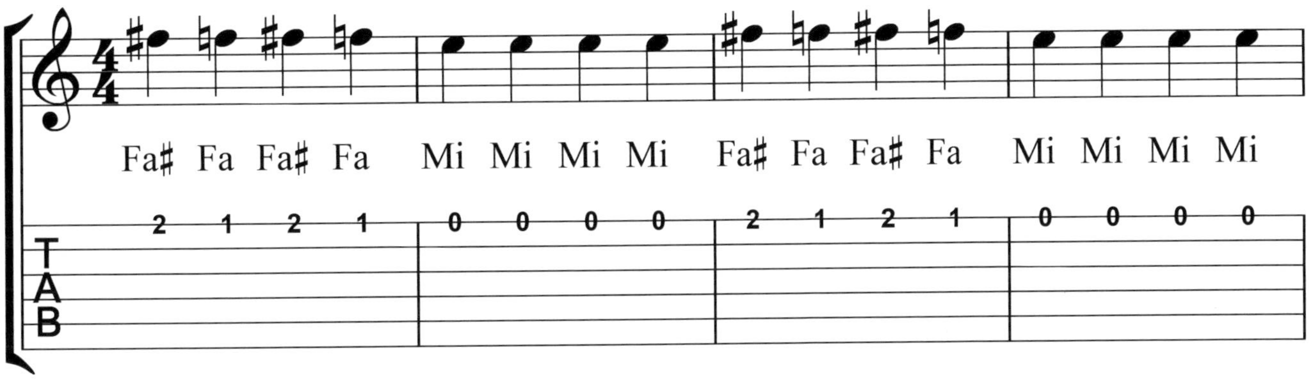

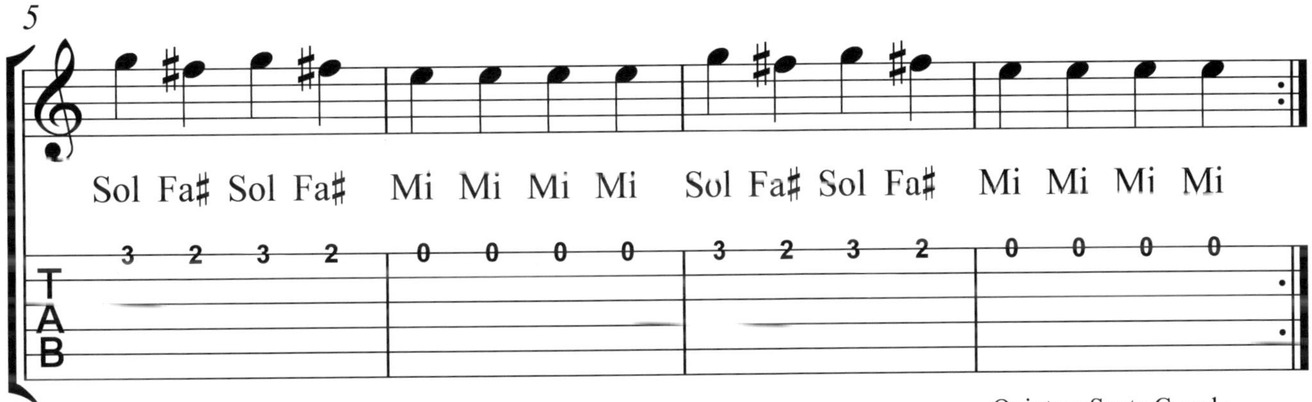

Éste estudio es para practicar la 5ta y 6ta cuerda. Cuando toques estas cuerdas trata de poner el dedo pulgar de la mano izquierda como a la mitad del diapazón de la guitarra. Dobla un poco más la mano para que puedas alcanzar a tocar estas cuerdas más fácil, especialmente sí tienes las manos chicas.

Quinta y Sexta Cuerda

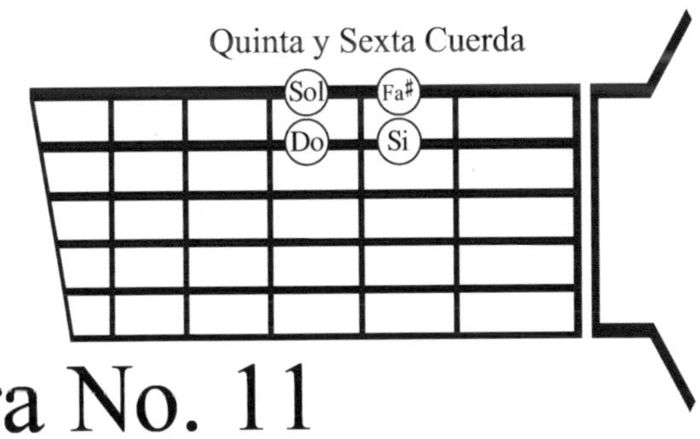

Estudio Para Guitarra No. 11

(5ta y 6ta Cuerda)

11

Fast ♩ = 140 Easy Music School

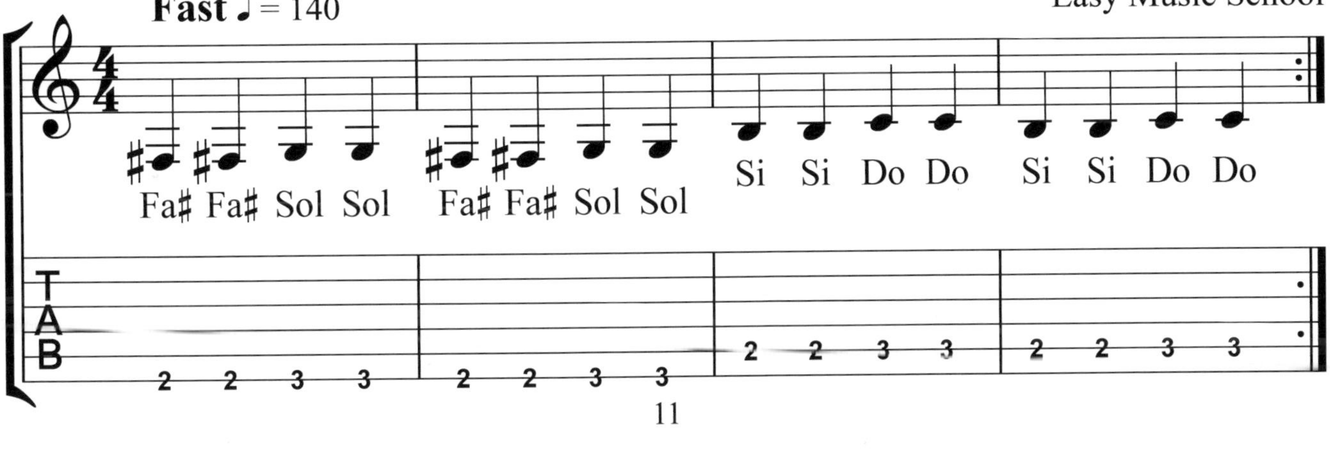

En éste estudio vas a usar los dedos uno (índice) y el dedo tres (anular). Todas las notas que están en el traste número tres se tocan con el dedo uno, y las notas que están en el traste número cinco, se tocan con el dedo tres.
Recuerda que la mejor forma de aprender es tocando despacio hasta que estes seguro de tocar el estudio varias veces, sin equivocarte.

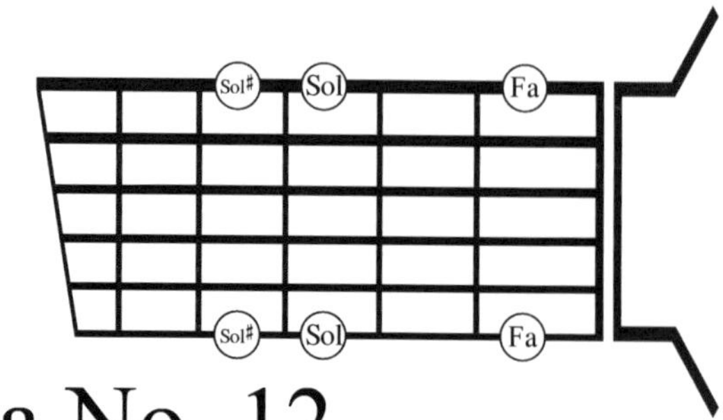

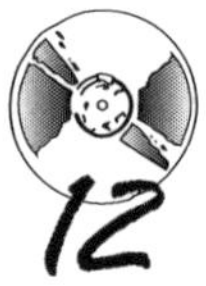

Estudio Para Guitarra No. 12

(Todas Las Cuerdas)

Allegro Molto ♩ = 140

Easy Music School

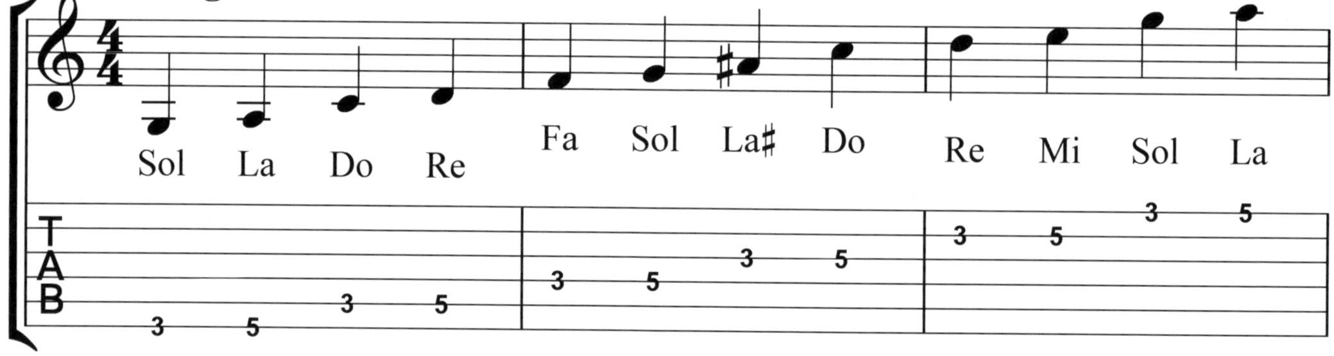

Las notas graves se tocan en la guitarra en las cuerdas gorditas, como la sexta y la quinta, esas notas estan en el pentagrama en la parte de abajo, con varias lineas adicionales. (los primeros dos cómpaces). Las notas agúdas se tocan en la guitarra en las cuerdas delgaditas, como la prímera o segunda, y como son altas, estan en el pentagrama en la parte de arriba. (Los últimos cómpaces).

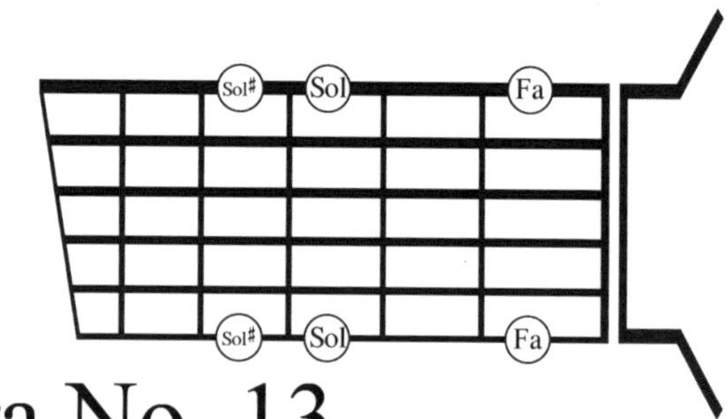

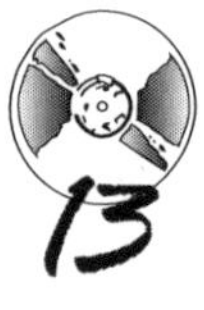

Estudio Para Guitarra No. 13

(Sonido Largo y Sonido Corto)

Allegro Molto ♩ = 140

Easy Music School

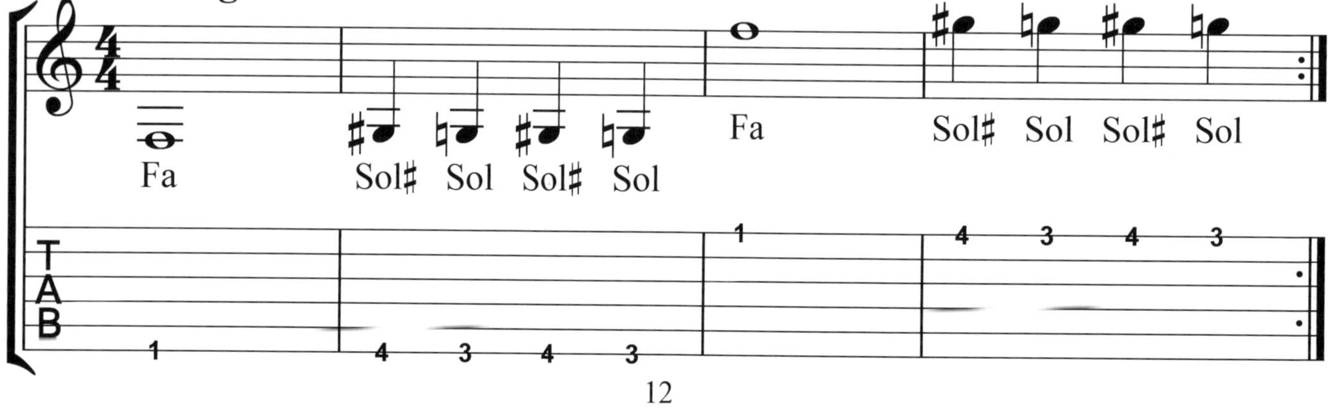

Seguimos practicando las cuerdas graves de la guitarra. A estas alturas ya deberias de estar familiarizado con dos cosas, las notas graves se ven en el pentagrama en la parte de abajo, cada que veas unas notas en la parte de abajo del pentagrama, es que se tocan por la cuerda cinco o seis. Y la segunda, que en la tablatura estan los números en la parte de abajo también, o sea en la cuerdas seis o cinco.

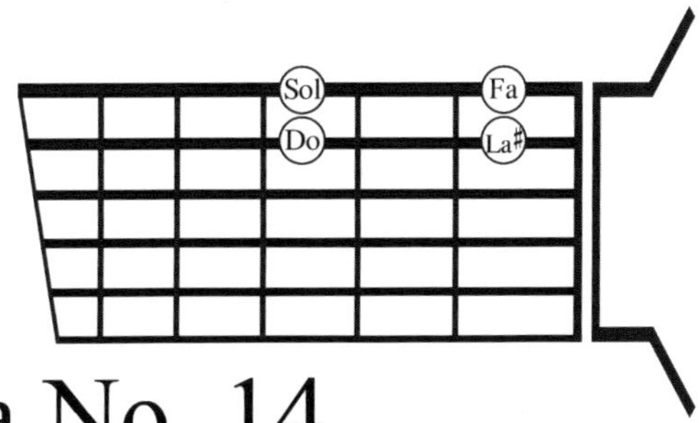

Estudio Para Guitarra No. 14

(Cuerdas Graves)

14

Fast ♩ = 140

Easy Music School

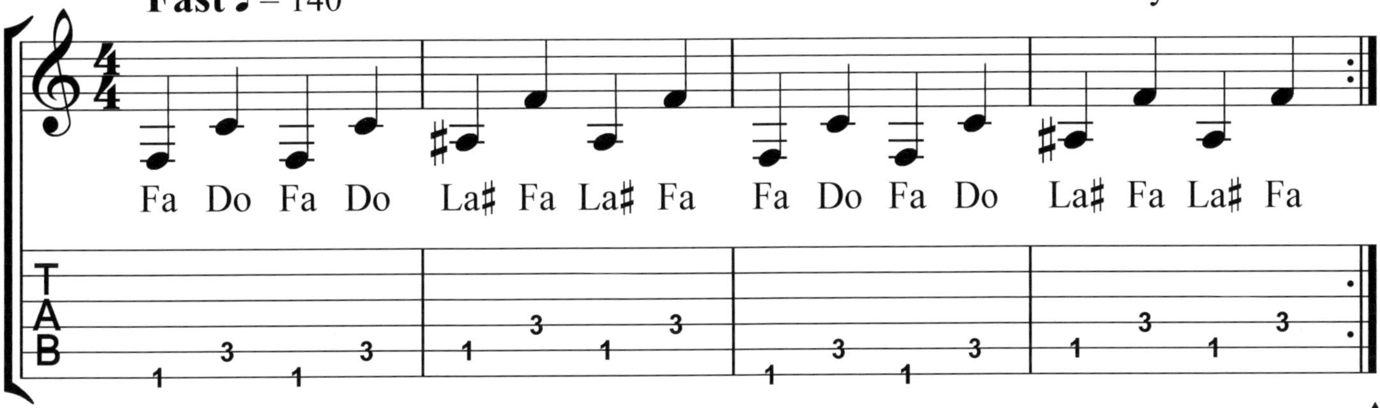

En éste estudio hay un ritmo especial, por eso hay un silencio en el segundo compás y en el cuarto. Escucha primero el ritmo en el CD y luego trata de imitarlo. El silencio de negra dura un tiempo. El ritmo se escucha parecido a la música alternativa.

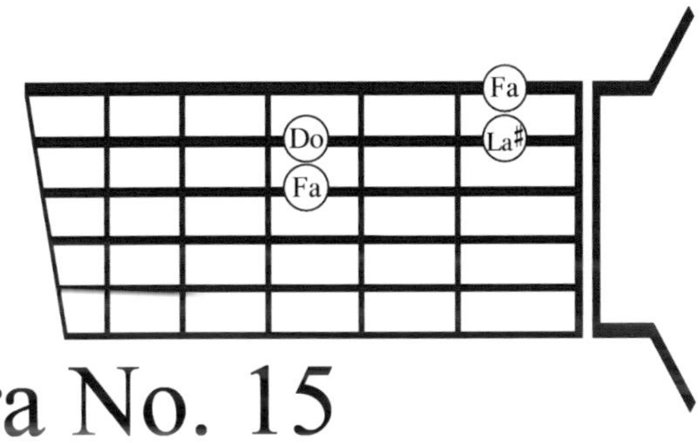

Estudio Para Guitarra No. 15

(Alternativo)

15

Molto Allegro ♩ = 150

Easy Music School

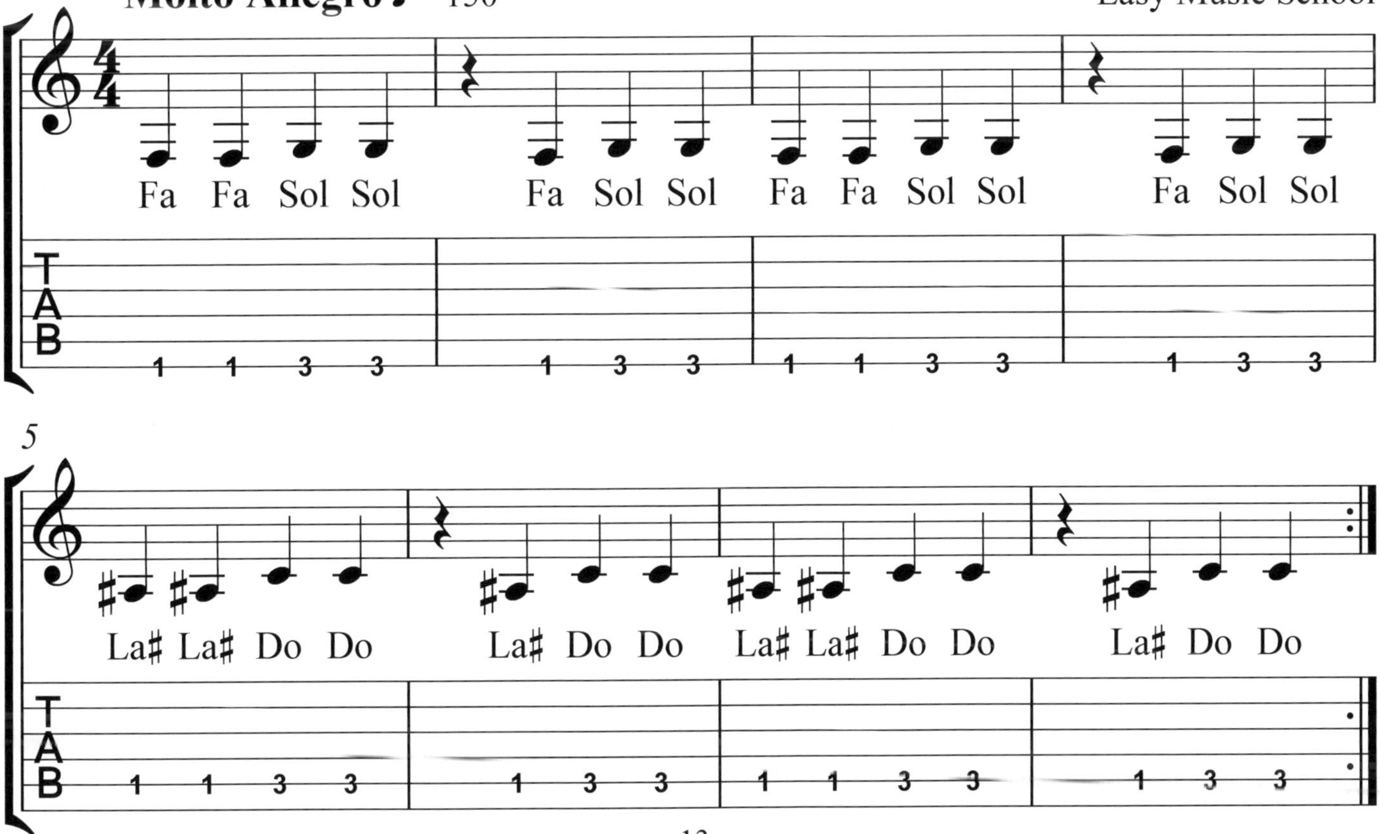

Al escuchar éste estudio, vas a recordar el tipo de música que tocan en las películas de misterio. Para tocar éste estudio es múy ímportante que aprietes la nota de Do y la nota de Fa con un solo dedo, el dedo número uno, las dos notas están en el primer traste.

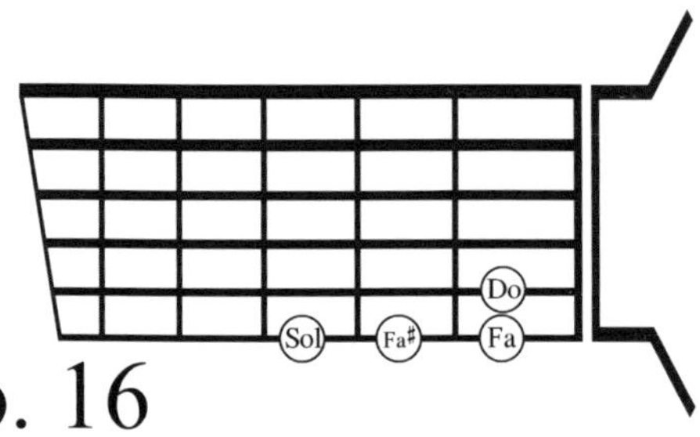

16

Estudio Para Guitarra No. 16
(Misterio)

Moderato ♩ = 80

Easy Music School

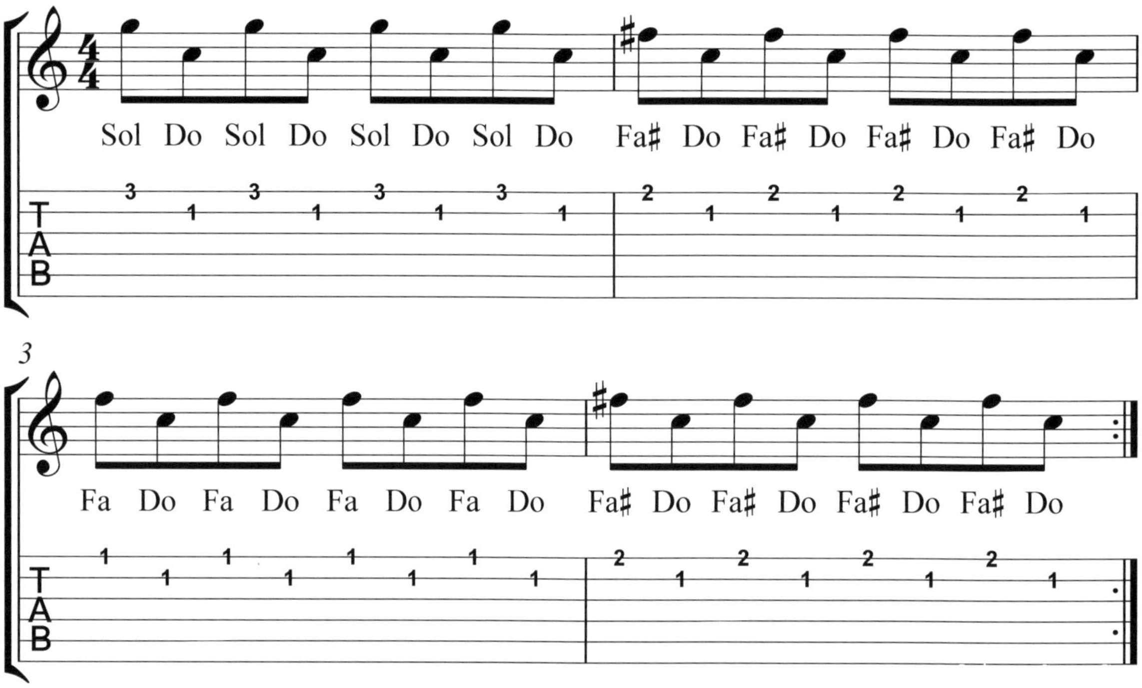

Los dos primeros cómpaces se tocan en la cuerda número uno, y los dos últimos cómpaces se tocan en la cuerda número dos. En éste estudio debes usar tres dedos de la mano izquierda.

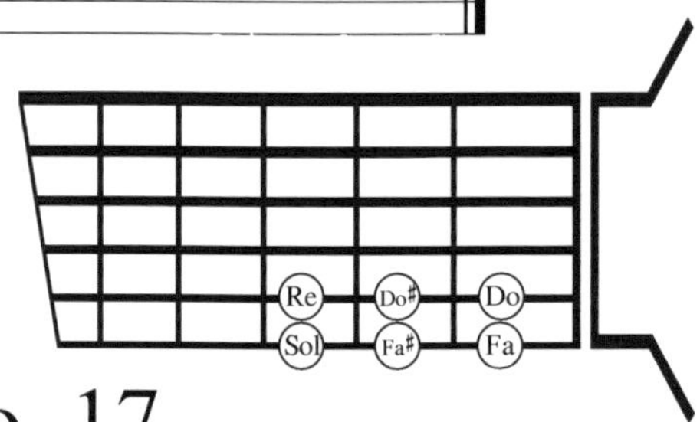

17

Estudio Para Guitarra No. 17
(Ascendiendo)

Moderato ♩ = 82

Easy Music School

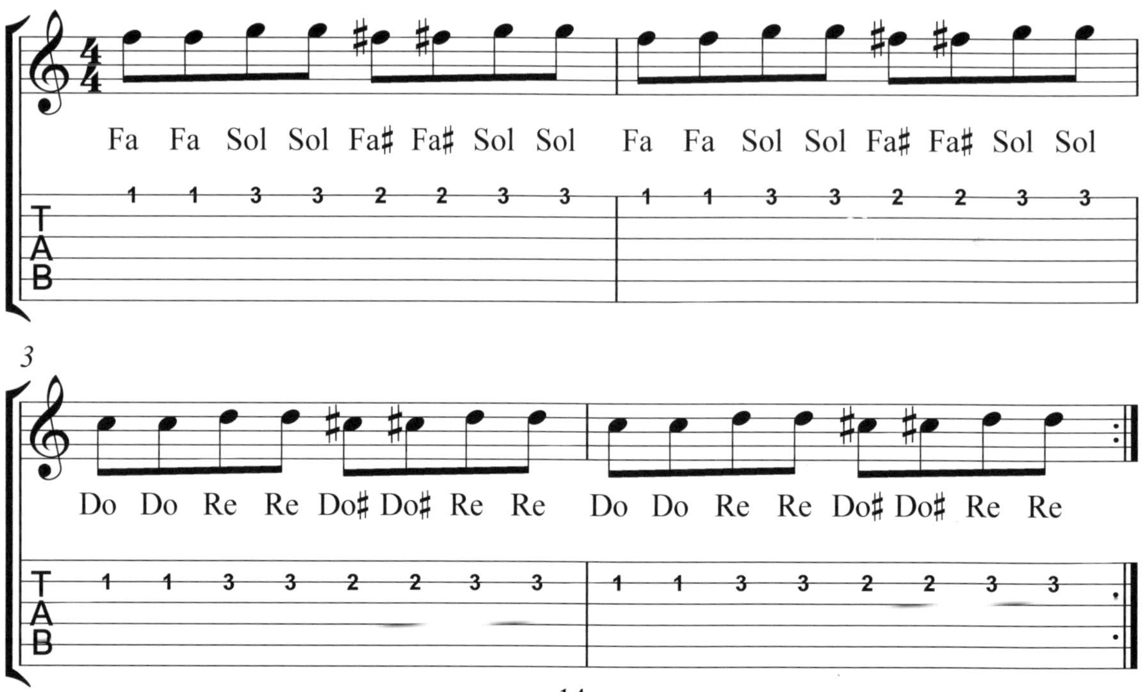

Las notas de óctavos se tocan dos notas en un tiempo, cuida mucho éste ritmo, además de estirar un poco los dedos para poder tocar el traste número cinco y luego el traste número tres.

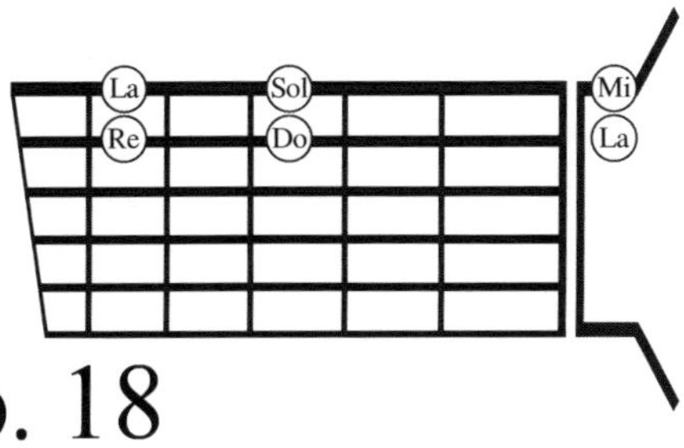

Estudio Para Guitarra No. 18

(Corchea y Negra)

Allegro ♩ = 120

Easy Music School

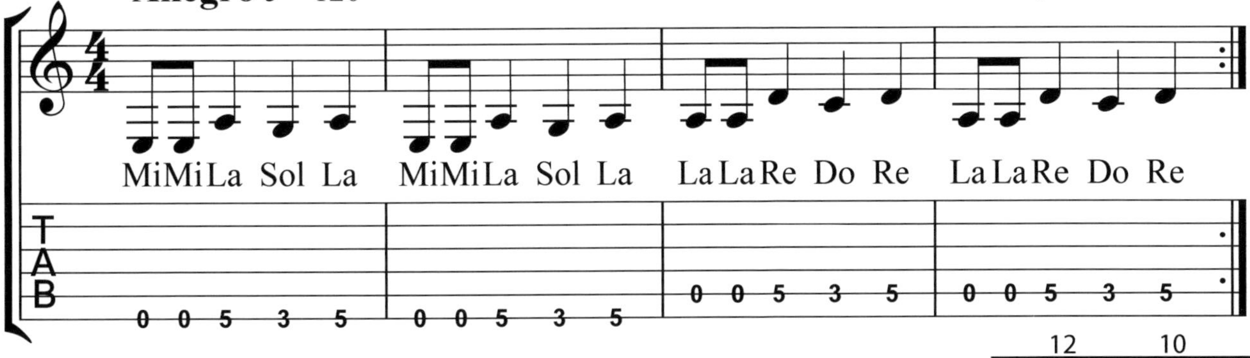

el penúltimo estudio de éste libro está en los trastes 8, 10 y 12. Fíjate en el diagrama de la guitarra que no tiene al lado derecho el final, y arriba puedes ver los números de los trastes. Son notas muy agudas. En el pentagrama ocupas lineas adicionales.

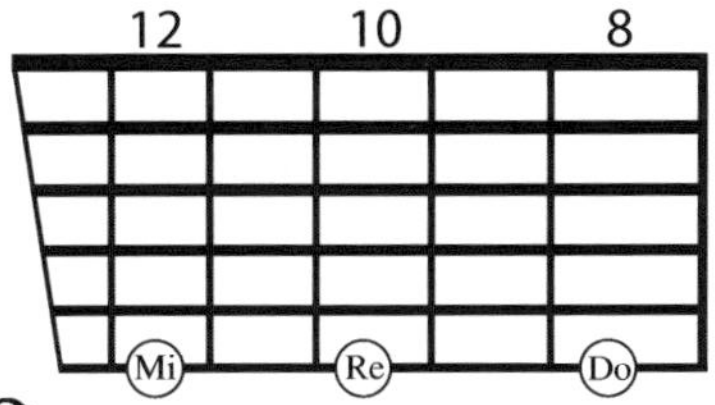

Estudio Para Guitarra No. 19

(Notas Agudas)

Allegro ♩ = 120

Easy Music School

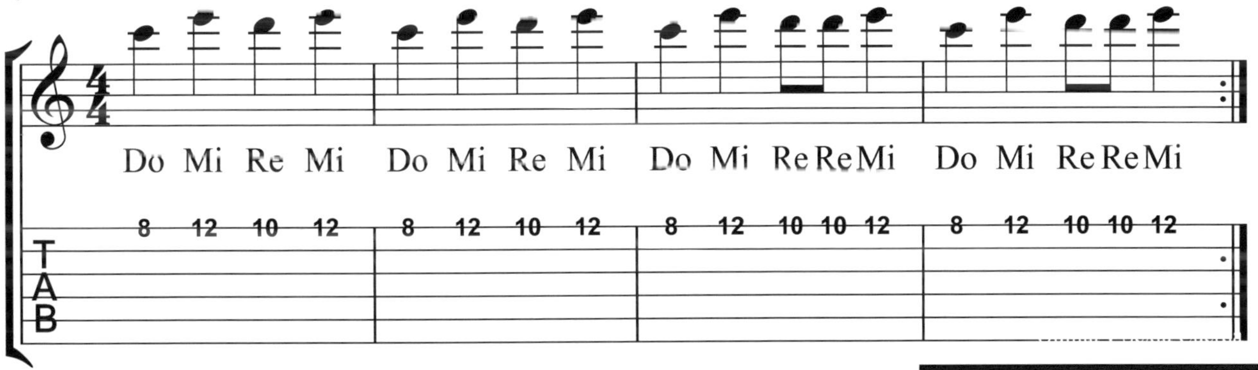

El último estudio de éste libro es tocando dos notas a la vez. En el libro número 2 hay más estudios, cada vez vas a ir tocando mejor. Aquí pon el dedo uno apretando las dos cuerdas al mismo tiempo, solo vas a mover el dedo dos y tres.

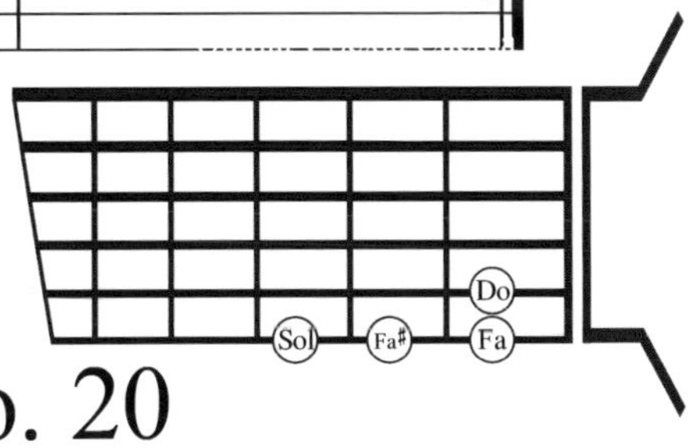

Estudio Para Guitarra No. 20

(Dos Notas A La Vez)

Allegro ♩ = 100

Easy Music School

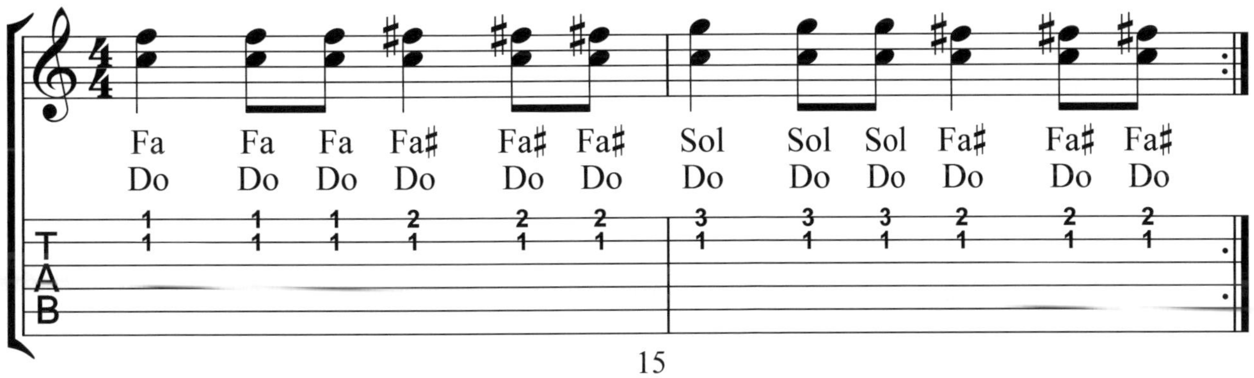

Como tocar las escalas

Notas de la escala de Do Mayor.

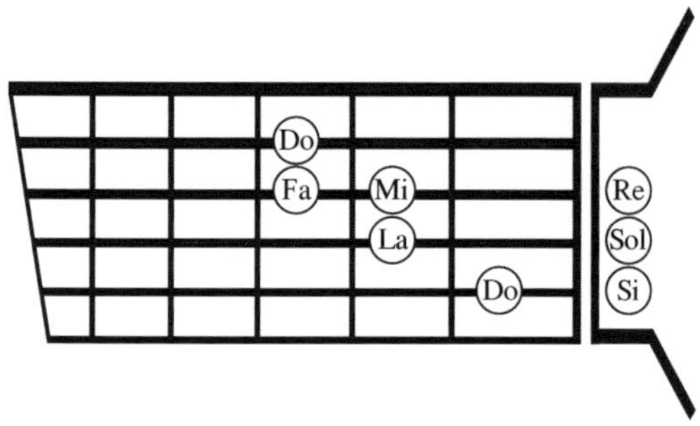

Hay varios tipos de escalas, las escalas son muy buenas por varias razones: Agilizar los dedos para tocar con rapidez, aprenderte las notas de memoria de esa escala, improvizar canciónes usando solo notas de la escala, para leer música más rapido y fácil etc. por eso las escalas son tan importantes.
Las notas de la escala de Do Mayor son ocho:
Do - Re - Mi - Fa - Sol - La - Si - Do.

Escala de DO Mayor

21

Moderato ♩ = 80

Easy Music School

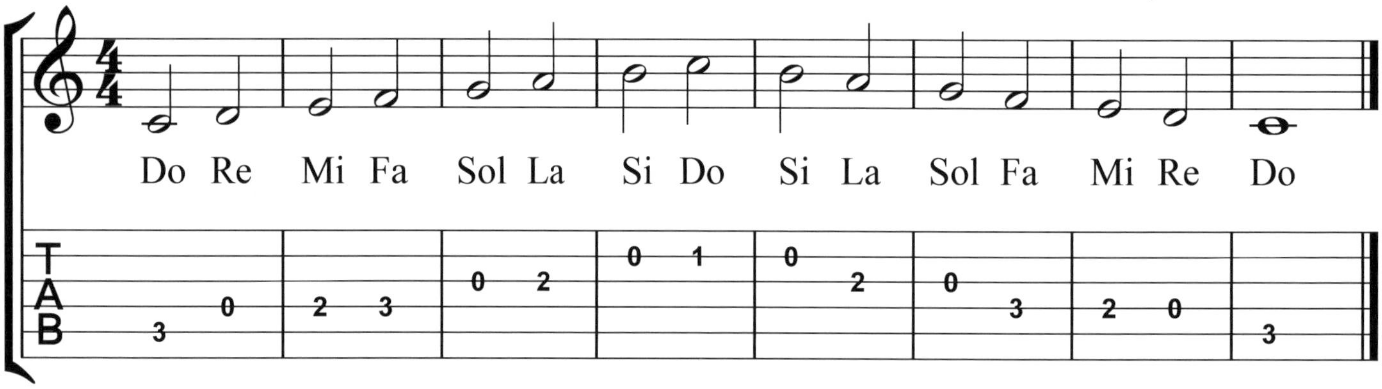

Escribe debajo de cada nota el nombre que le corresponda, usa el digrama de arriba para adivinar que nota es.

Repazo de notas de la escala de Do Mayor

Easy Music School

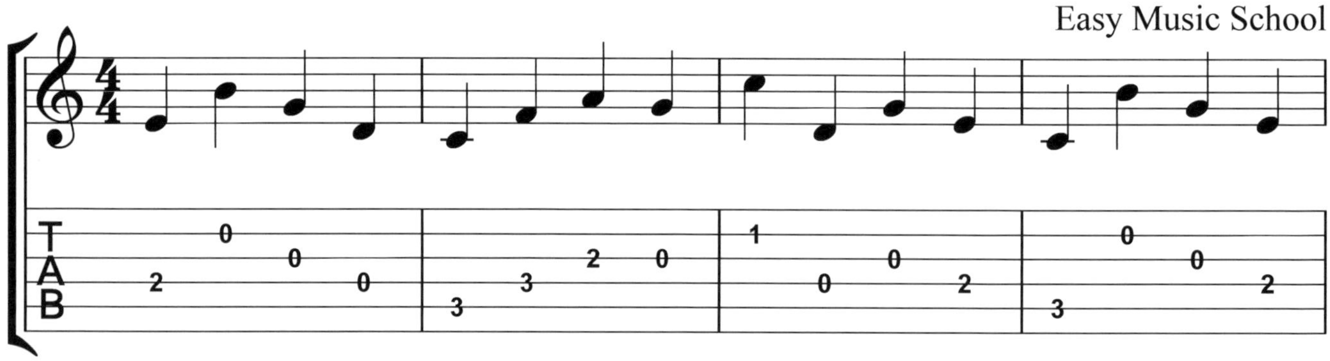

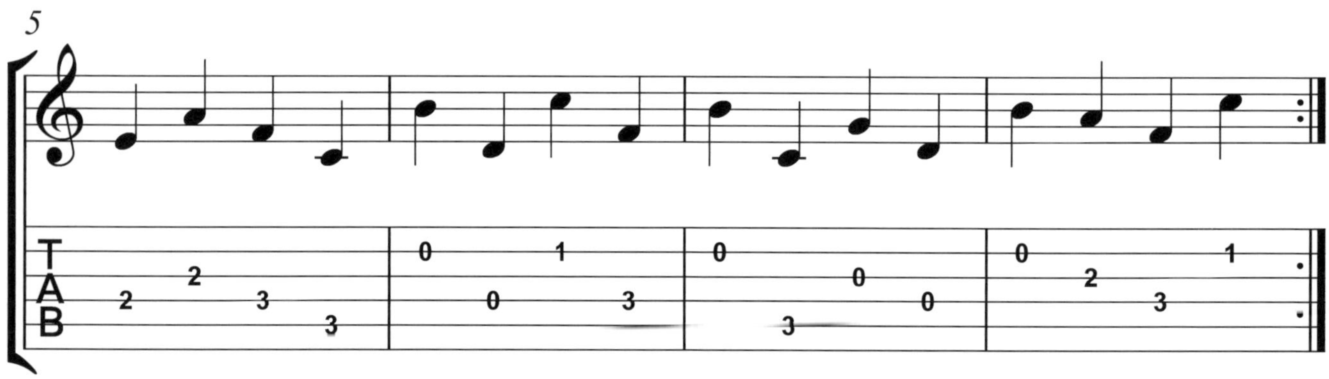

Cada escala tiene diferentes notas, de las escalas mayores, la escala de Do Mayor es la única que no tiene sostenidos (♯) o bemoles (♭), todas las demás escalas tienen.
La escala de Sol Mayor tiene un sostenido, la nota de Fa♯.

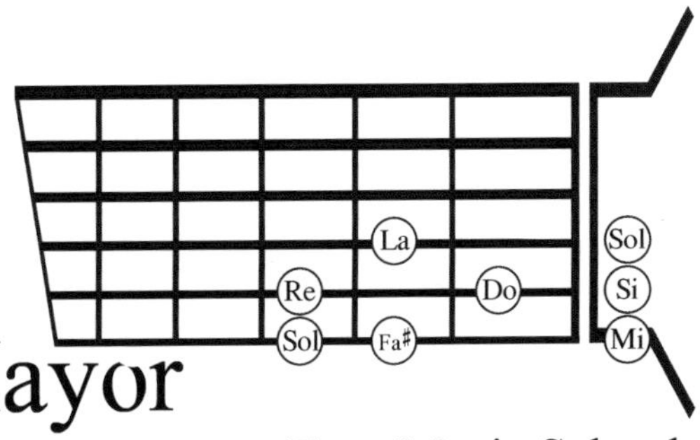

22

Escala de SOL Mayor

Moderato ♩ = 80

Easy Music School

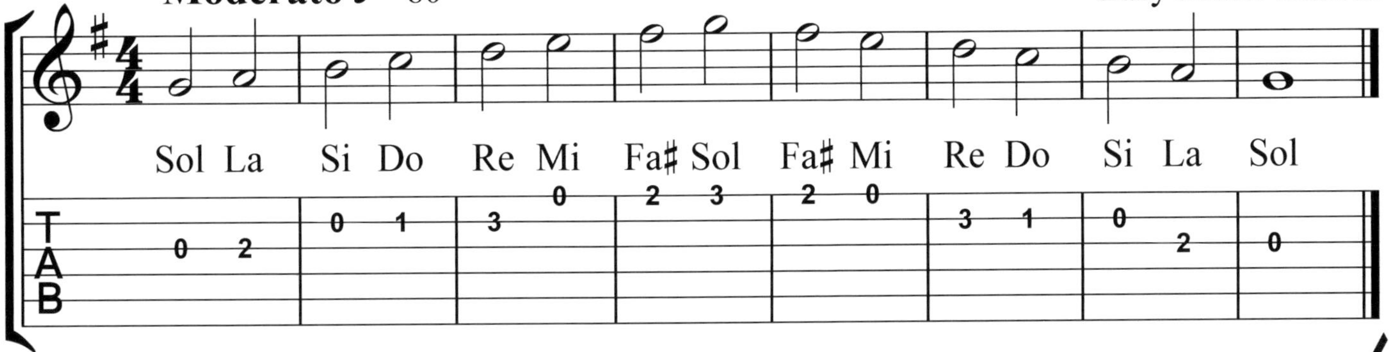

La escala de Re Mayor tiene dos sostenidos, el primero es Fa♯ y el segundo Do♯. Fíjate en el principio del pentagrama, hay dos símbolos de sostenido, el primero está en la quinta línea y es Fa♯, y el segundo está sobre el tercer espacio del pentagrama y es Do♯.

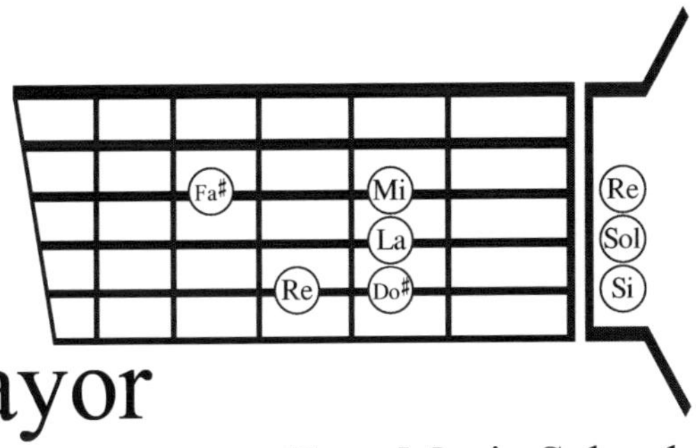

23

Escala de RE Mayor

Moderato ♩ = 80

Easy Music School

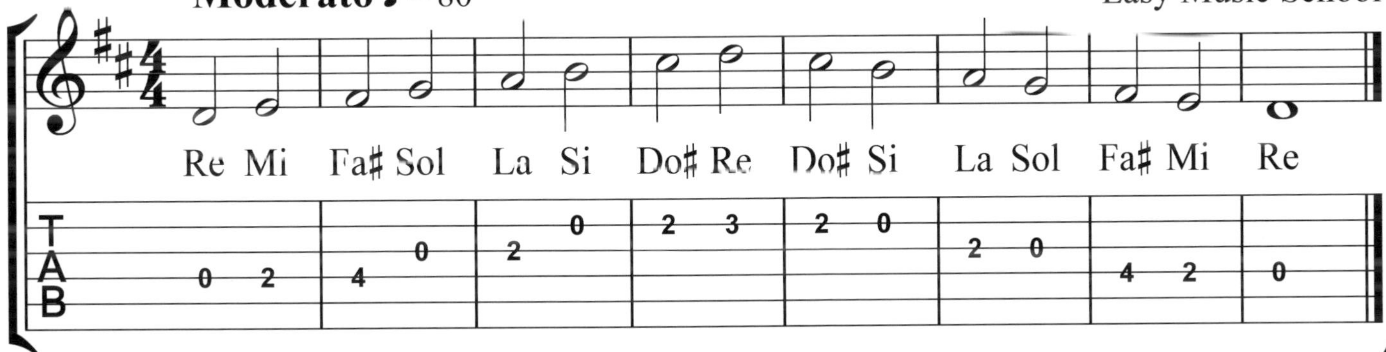

Siempre que toques una escala o la estes practicando, trata de tocar la escala cuando menos díez veces para arriba y para abajo sin equivocarte, si vez que la puedes tocar sólo una o dos veces, es que te falta tódavia más practica.
La escala de La Mayor tiene tres sostenidos; Fa♯ - Do♯ - Sol♯.

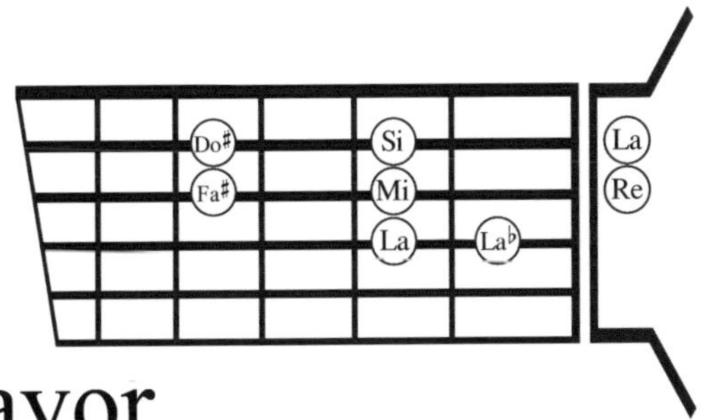

24

Escala de LA Mayor

Moderato ♩ = 80

Easy Music School

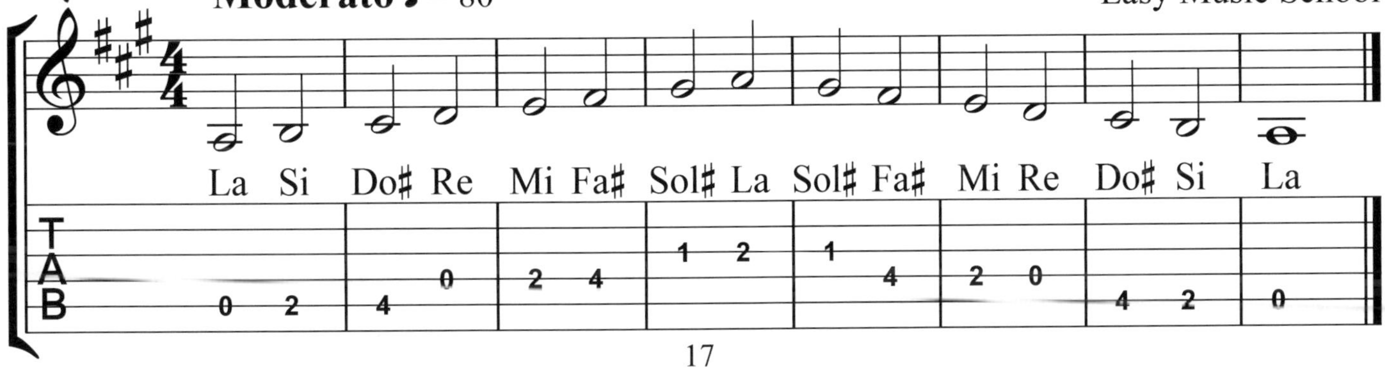

La escala de Mi Mayor. Ésta escala tiene cuatro sostenidos, el orden de los sostenidos siempre es el mismo, Fa♯ - Do♯ - Sol♯ - Re♯.
Las notas se pueden tocar en diferentes lugares, la nota de Si, se toca al aire en la segunda cuerda, pero también la puedes tocar en la tercera cuerda en el traste número cinco.

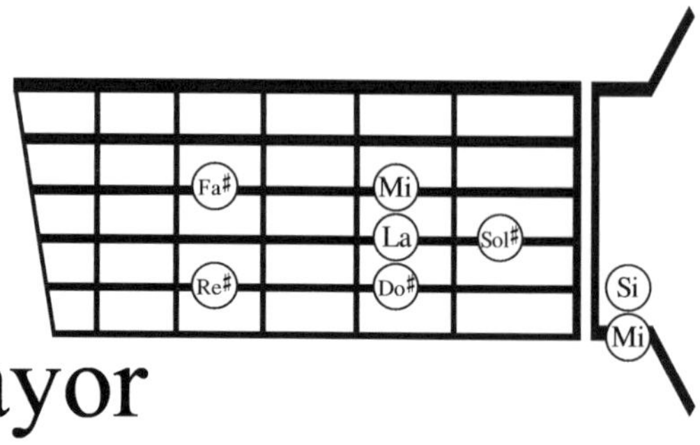

25

Escala de MI Mayor

Moderato ♩ = 80

Easy Music School

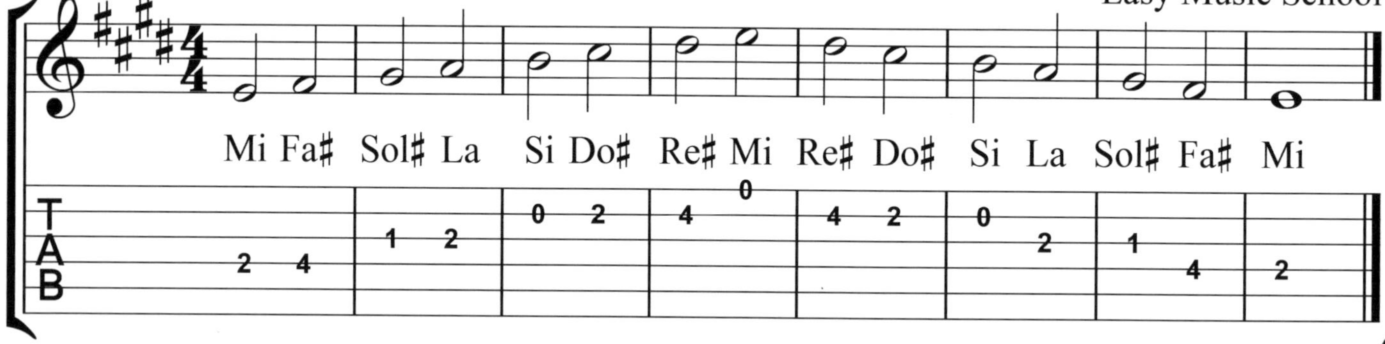

Ésta escala tiene cinco sostenidos, Fa♯ - Do♯ - Sol♯ - Re♯ - La♯.
No importa que tenga muchos sostenidos, es tan fácil de tocar como las otras, solo tienes que memorizar donde está cada nota. El patron de la guitarra a la derecha lo vas a ver muy seguido.

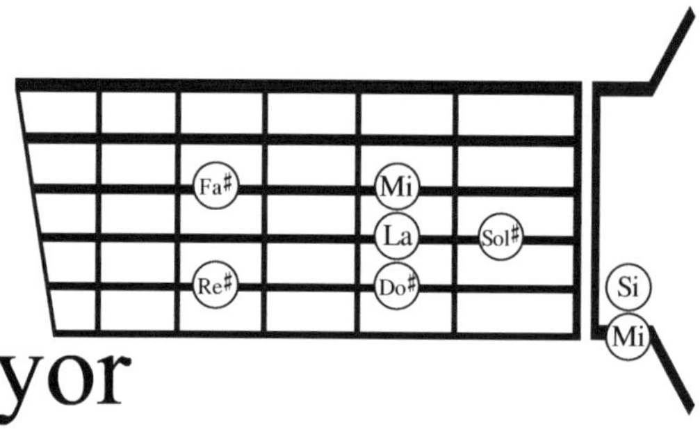

26

Escala de SI Mayor

Moderato ♩ = 80

Easy Music School

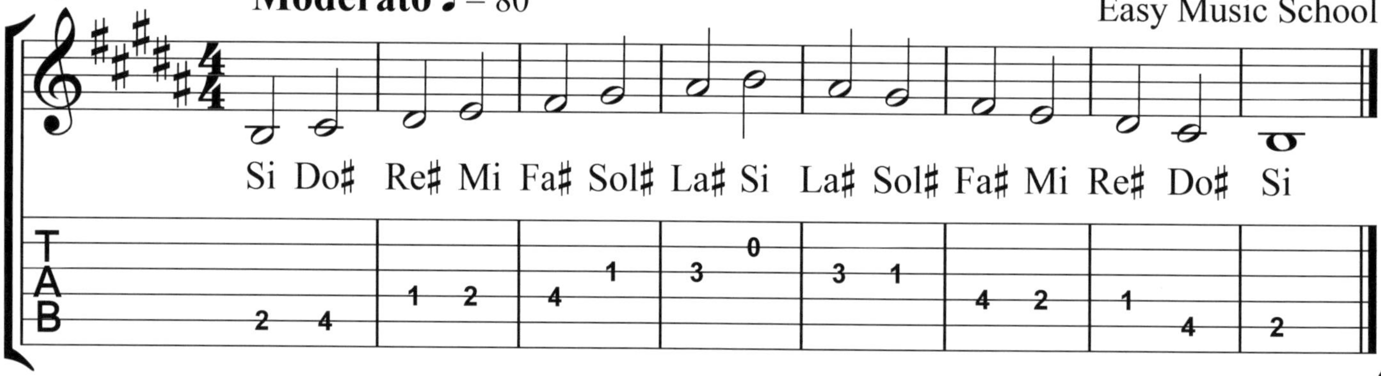

Antes de explicarte un poco sobre la escala de Fa Mayor, te voy a poner el orden de los sostenidos; Fa♯ - Do♯ - Sol♯ - Re♯ - La♯ - Mi♯ - Si♯. Es bueno que los sepas de memoria. La escala de Fa mayor no tiene sostenidos, pero tiene un bemol que es la nota de Si♭.

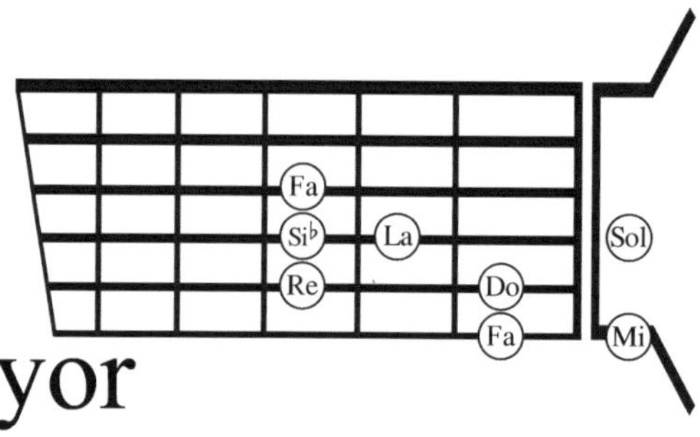

27

Escala de FA Mayor

Moderato ♩ = 80

Easy Music School

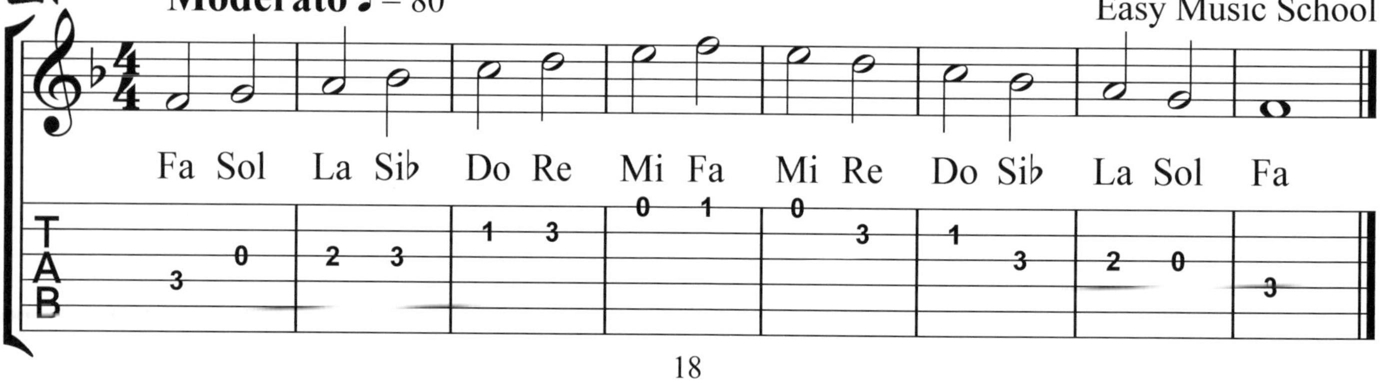

En ésta página hay tres escalas en tonos bemoles, hay muchas más, pero estas son las más comúnes. La escala de Si♭ Mayor, tiene solamente dos bemoles; Si♭ y Mi♭. Fíjate en el dibujo de la guitarra y comparalo con el de la escala de Si Mayor, ves que son iguales, como te dije, éste patrón lo vas a encontrar muy seguido.

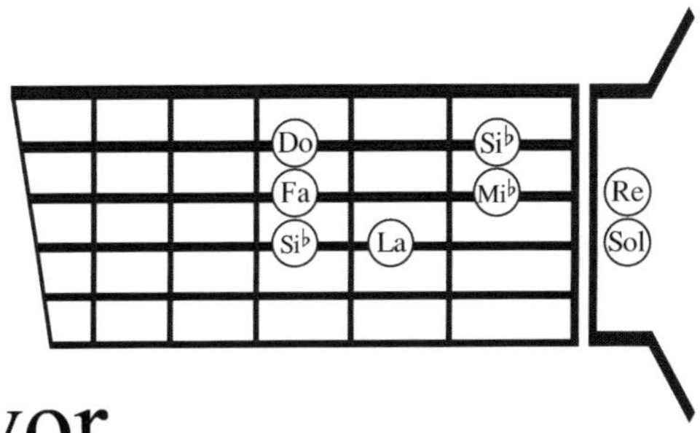

28

Escala de SI♭ Mayor

Moderato ♩ = 80

Easy Music School

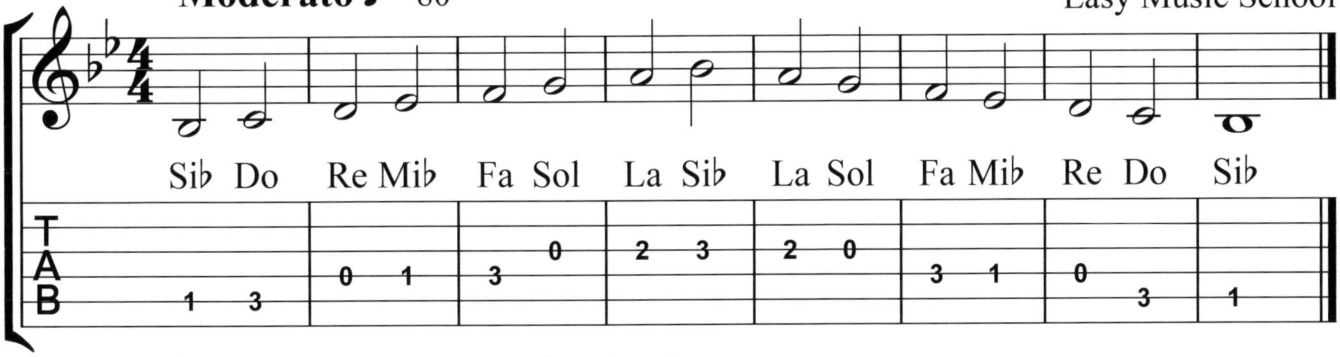

La escala de Mi♭ Mayor tiene tres bemoles; Si♭ - Mi♭ - La♭. El orden de los bemoles siempre es el mismo y es muy recomendable que te lo aprendas de memoria, el orden de los bemoles es; Si♭ - Mi♭ - La♭ - Re♭ - Sol♭ - Do♭ - Fa♭.

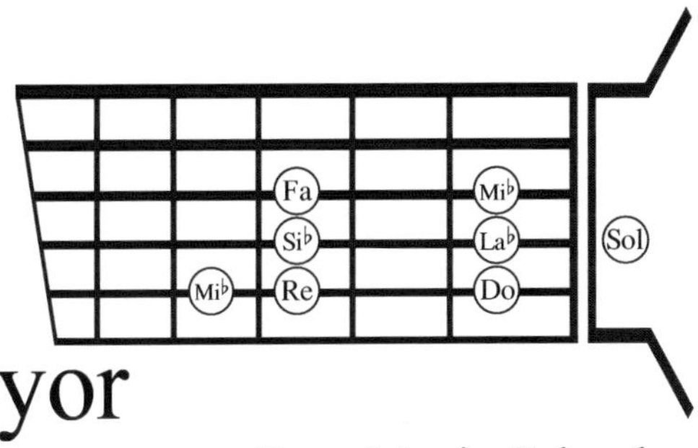

29

Escala de MI♭ Mayor

Moderato ♩ = 80

Easy Music School

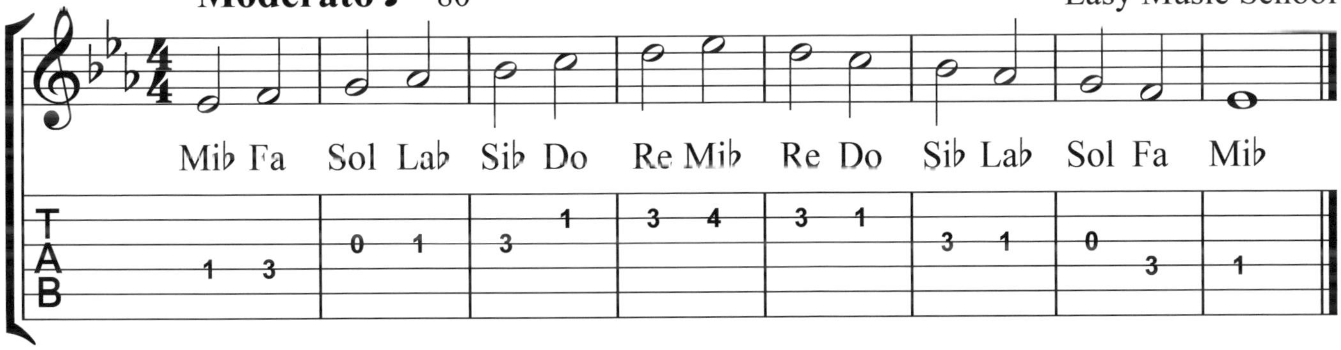

La escala de La♭ Mayor tiene cuatro bemoles; Si♭ - Mi♭ - La♭ - Re♭. Toca todas las escalas que te sepas, trata de tocarlas de memoria y cada vez las podras tocar más y más rapido, así es como se adquiere la velocidad para tocar guitarra bien rapido.

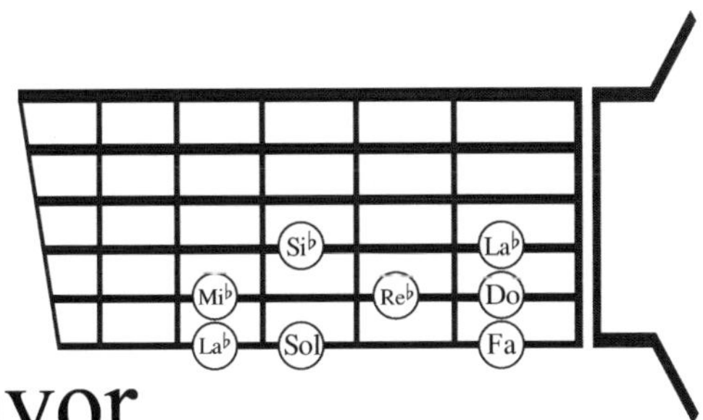

30

Escala de LA♭ Mayor

Moderato ♩ = 80

Easy Music School

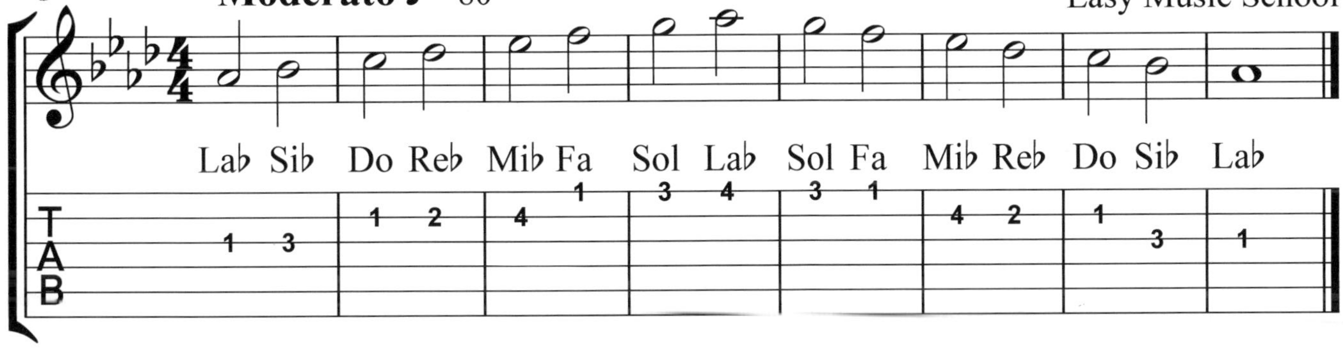

Hay escalas menores para todos los tonos, pero en éste libro solo te pongo las escalas menores en el tono de La. Hay tres tipos de escalas menores; Natural, melódica y armónica. Las notas de la escala menor natural son; La - Si - Do - Re - Mi - Fa - Sol - La.

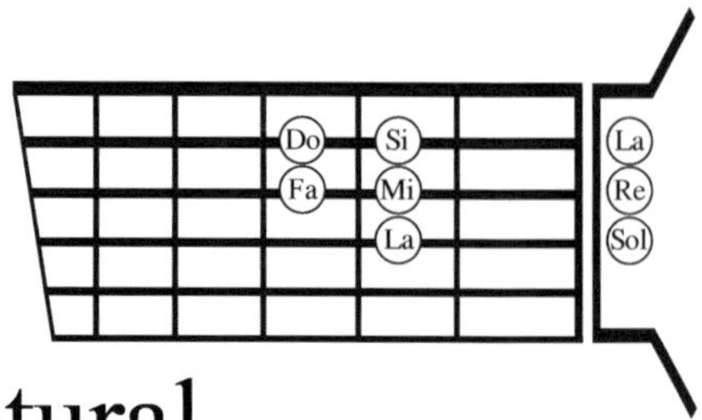

31

Escala de La menor natural

Moderato ♩ = 80

Easy Music School

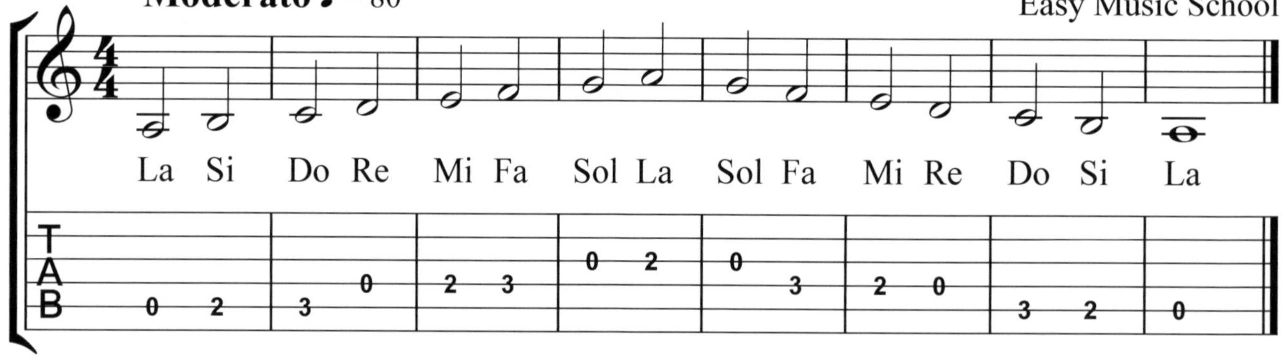

Al tocar la escala de La menor armónica, solamente subes medio tono la septima nota de la escala, en éste caso es la nota de Sol♯. En la escala natural y armónica se tocan las mismas notas para arriba que para abajo, pero la escala menor melodica es díferente.

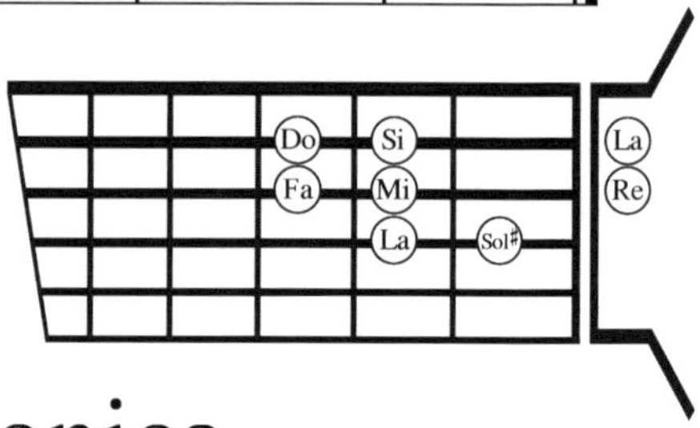

32

Escala de La menor armonica

Moderato ♩ = 80

Easy Music School

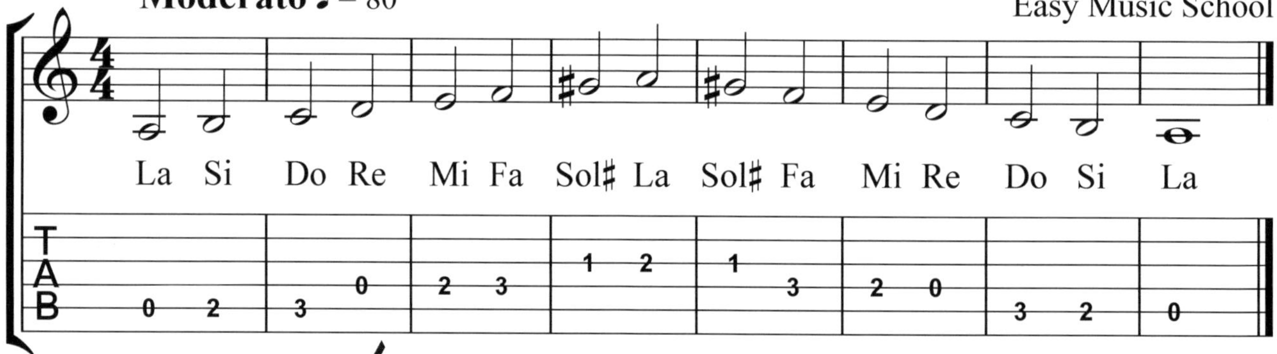

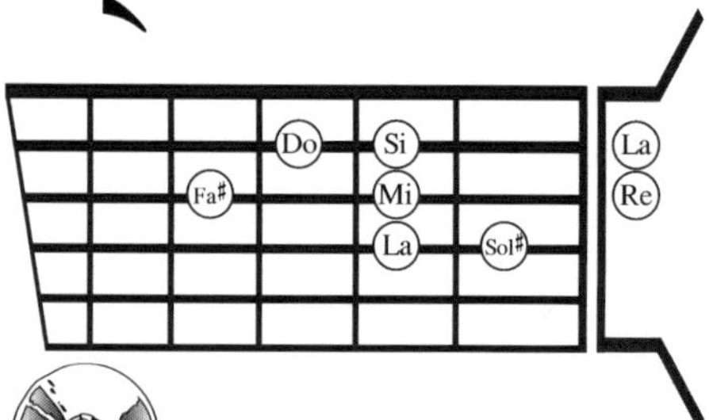

Al lado izquierdo está la forma de tocar la escala menor melodica para arriba. En el lado derecho está la escala pero para abajo, fíjate que para arriba es de un modo, y para abajo es igualita que la escala menor natural.

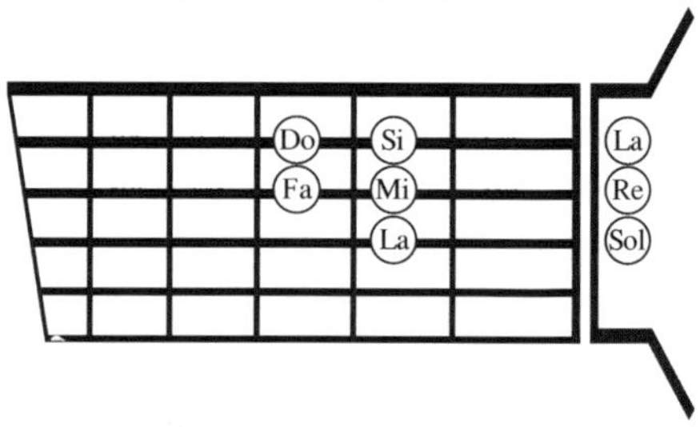

33

Escala de La menor melodica

Moderato ♩ = 80

Easy Music School

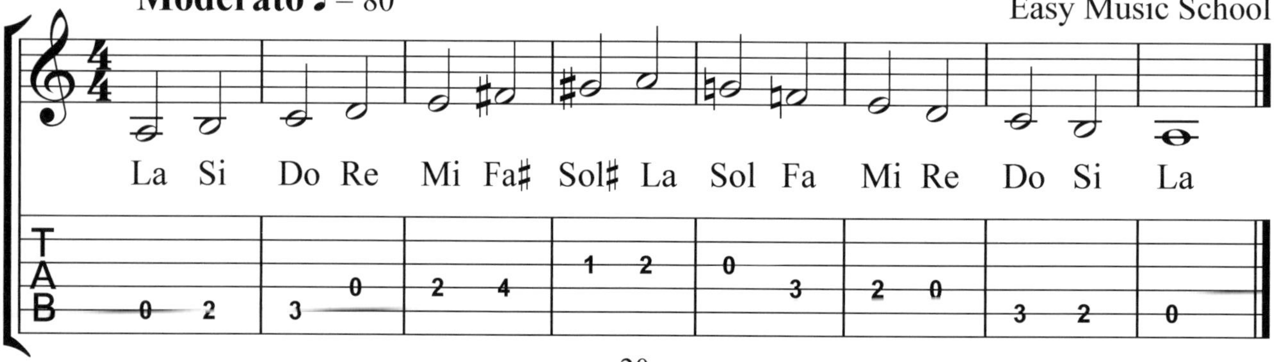

Penta significa cinco, por eso la escala menor pentatonica tiene solo cinco notas en lugar de ocho, como las escalas anteriores. De la forma que vas a practicar ésta escala es sobre todas las cuerdas de la guitarra, así que tienes que repetir las mismas notas varias veces. Las cinco notas de la escala de mi menor pentatonica son: Mi - Sol - La - Si - Re.

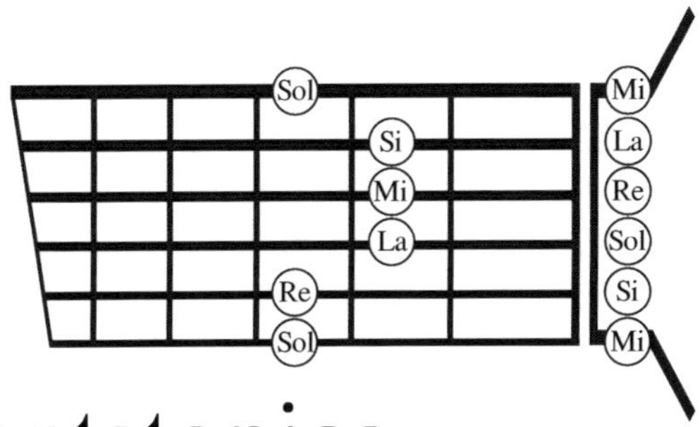

34

Escala de Mi menor Pentatonica

Andante ♩ = 100

Easy Music School

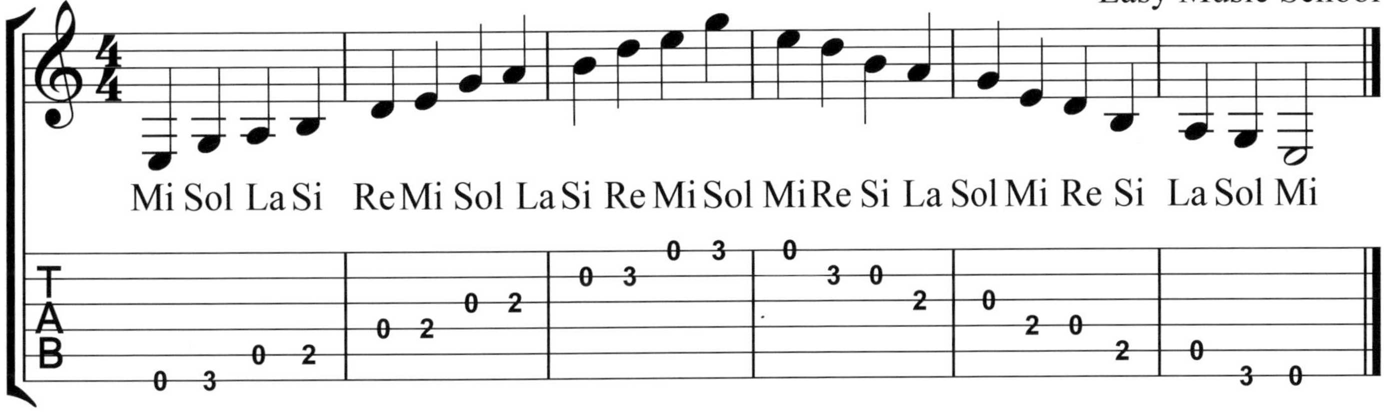

Hay muchos tipos de escalas, pero con estas cuantas te das una idea de lo importante que son. Como te dije antes, aprendete de memoria cada una de las escalas y tocalas todos los dias, con el tiempo las vas a tocar cada vez más rápido y eso te va a ayudar para cualquier canción que quieras tocar.

La escala de blues tiene una nota de más comparada con la escala menor pentatonica, esa nota es la que le da el toque caracteristico de la música de blues. En el rock en español, en varias baladas pop y en otro tipo de música, hay influencia del blues. La nota que le da esa caracteristica es La♯.

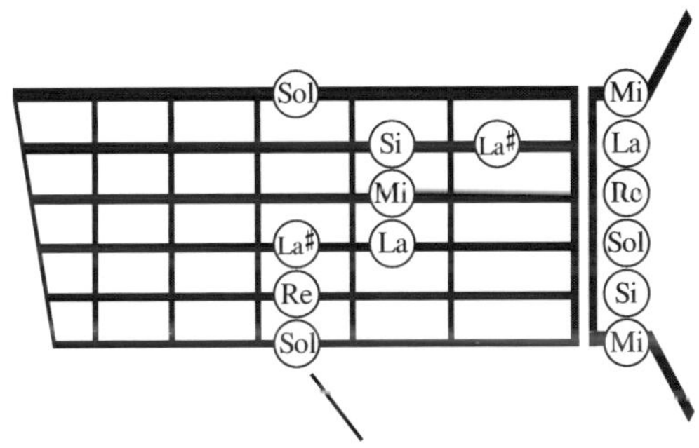

Primer cuerda, tercer traste.

35

Escala de Blues en Mi

Andante ♩ = 100

Easy Music School

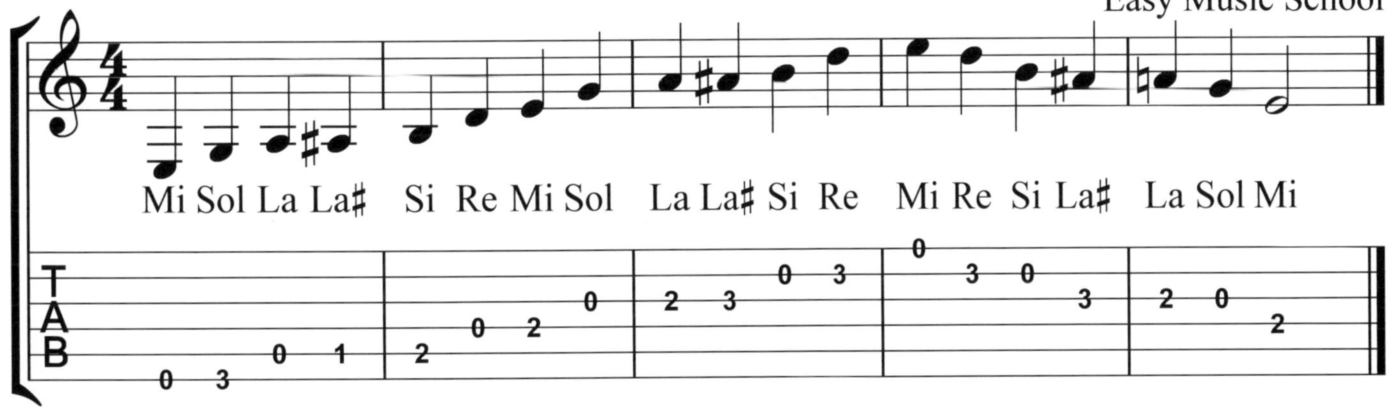

En éste ejemplo está el diagrama de la guitarra y en la primera cuerda y tercer traste está la nota de Sol, pero en el ejemplo de música con el pentagrama y la tablatura, no está. Aprende la escala y la puedes tocar usando la nota de Sol también.

Canciónes muy sencillas

Algunas canciónncitas en dos cuerdas.

Practíca éstas melodias con notas basicas, como la redonda (𝅝), la blanca (𝅗𝅥) y la negra (♩). Ésta canción se toca usando solo las dos primeras cuerdas. Al final de éste libro debes de saber reconocer y tocar cuando menos canciónes como éstas.
La ligadura de fraseo, es la linea curveada que está sobre varias notas, y sirve para hcer el fraseo de las melodias. Escucha el CD para que sepas como va la canción.

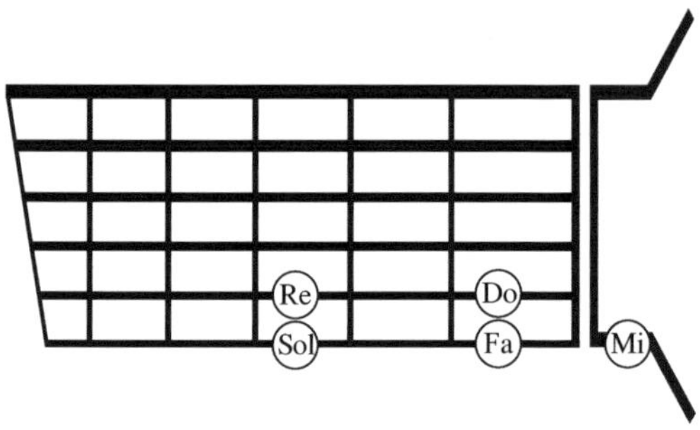

Simplemente

36

Lento ♩ = 75

Easy Music School

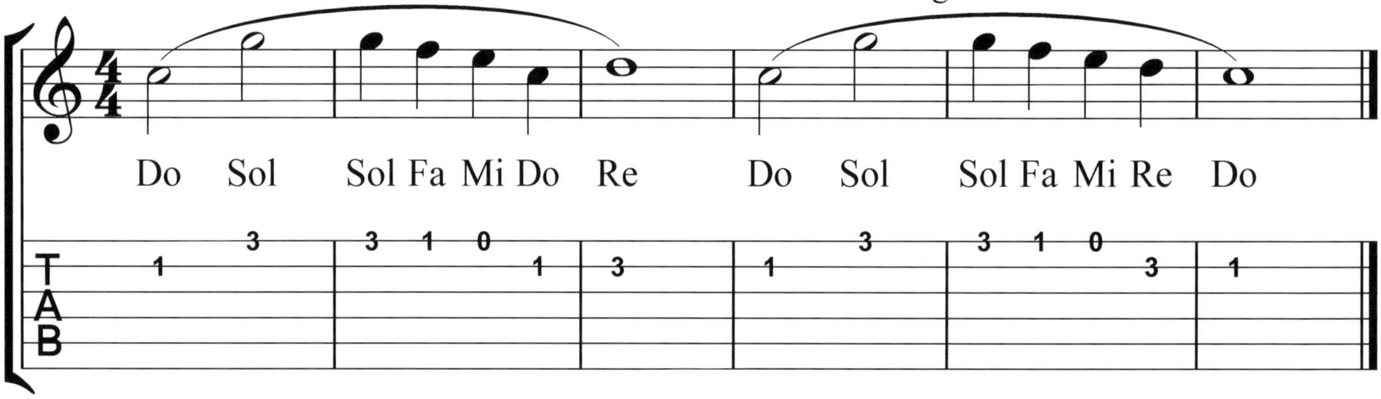

Aquí hay solo un poco de diferencia entre el orden de las notas, son las mismas cinco que la canción anterior, pero tocadas de una forma diferente y con diferente ritmo, hay también un silencio de dos tiempos en el tercer compás.
La mejor forma de aprenderte cualquier canción es tocar una parte de la canción primero, en éste caso la primera frase, y luego la segunda parte o la segunda frase, despues toca toda la canción entera.

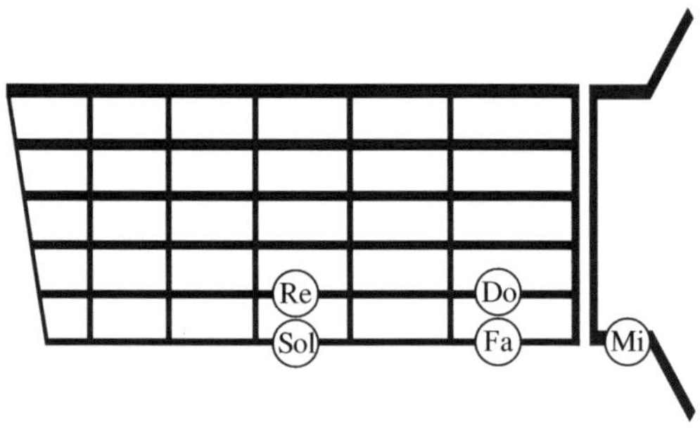

El Primer Dia Que Te Vi

37

Lento ♩ = 75

Easy Music School

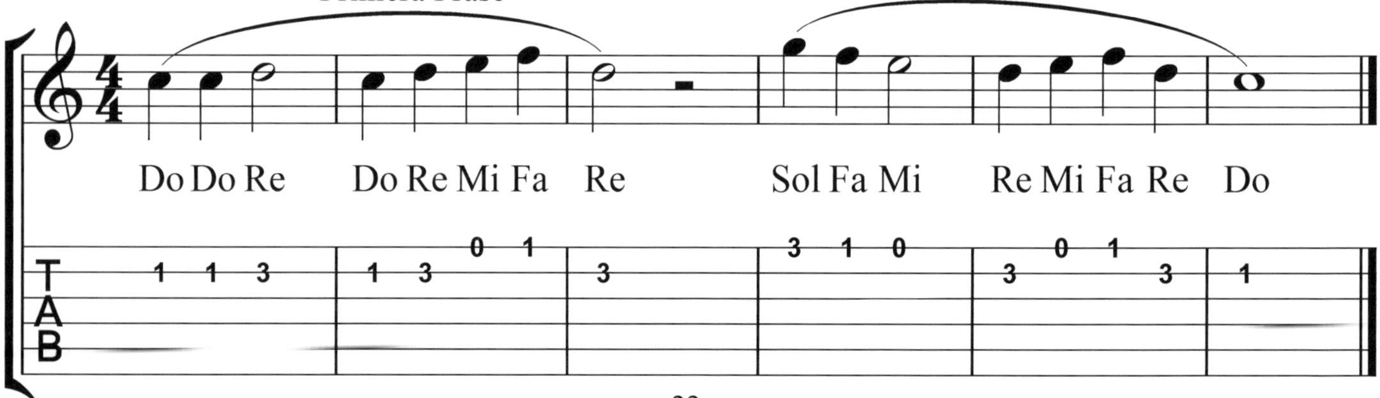

Fíjate en la ligadura que hay en el tercer compás, es una nota blanca ligada a una nota negra. La nota blanca dura dos tiempos y la nota negra dura un tiempo, pues al estar ligadas las dos notas, solamente tocas la primera nota Mi blanca, pero dejas que suene por tres tiempos. La nota Mi negra se sigue oyendo, pero no la vuelvas a tocar con la mano derecha.

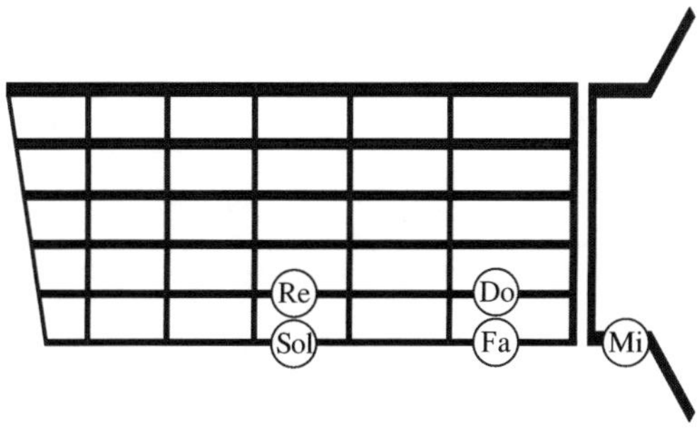

38

Sin Tus Ojos

Lento ♩ = 75

Easy Music School

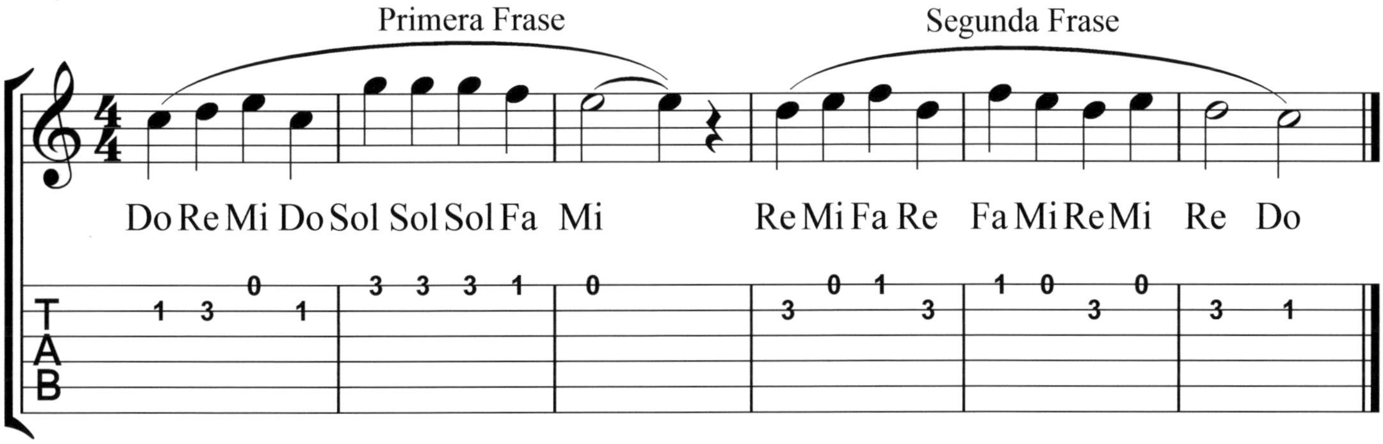

En el dibujo del lado derecho, hay un ejemplo de como se ve la ligadura. La ligadura siempre va a unir dos o más notas iguales. Tocas la primer nota, alargando el sonido igual al valor de todas las notas que esten ligadas. En éste caso la nota blanca vale dos tiempos, más un tiempo de la nota negra, el valor total es tres tiempos.

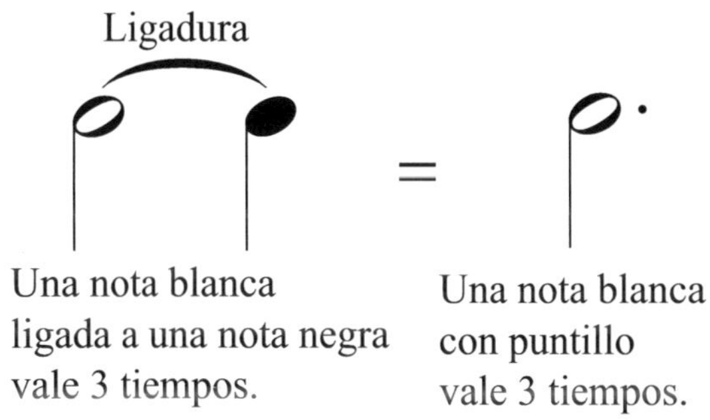

Del mismo modo se puede tener tres tiempos colocando un puntito al final de la nota. El puntito alarga la duración de la nota, la mitad de su valor. Si la nota vale dos tiempos, más la mitad de dos es uno, entonces la blanca con puntito vales tres tiempos.

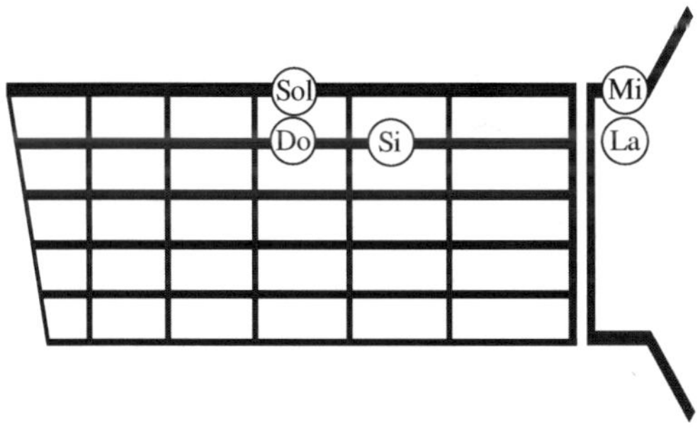

Escucha el CD de estas dos canciónes y te daras cuenta mejor del valor de estas notas. No te preocupes si al principio no le entiendes mucho, poco a poco se te va a hacer más fácil.

39

Tres Dias Sin Ti

Lento ♩ = 75

Easy Music School

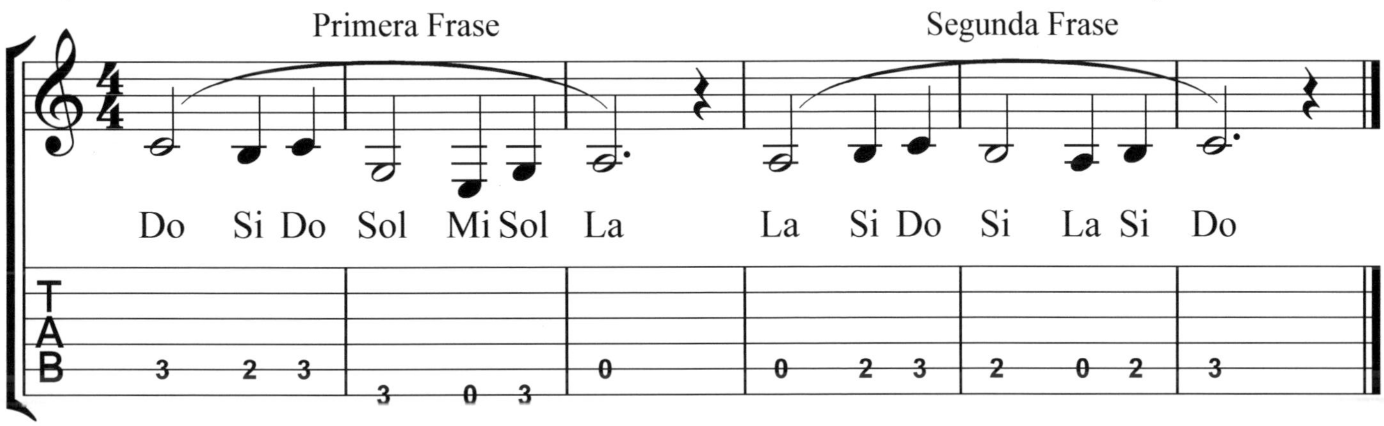

Canciónes sencillas

Canciónes en varios tonos.

Vas a tocar éstas canciónes en las dos primeras cuerdas, solo que aquí vamos a usar algunos sostenidos (♯).
La canción de "Eres El Sol" está en el tono de Sol y al principio del pentagrama vas a ver un sostenido en la 5ta linea, eso quiere decir que todas las notas de Fa se tocan Fa♯.

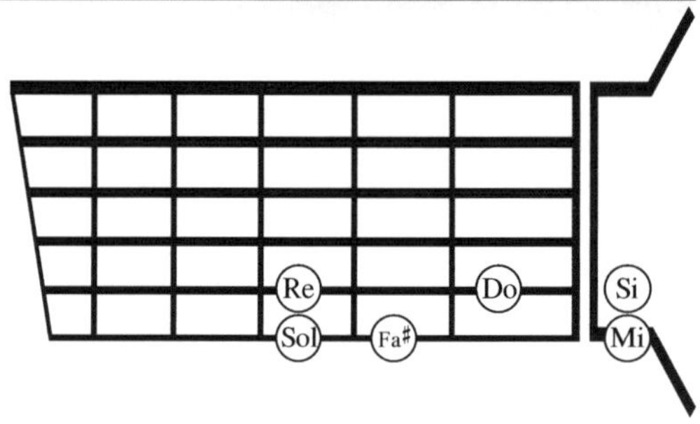

Eres El Sol

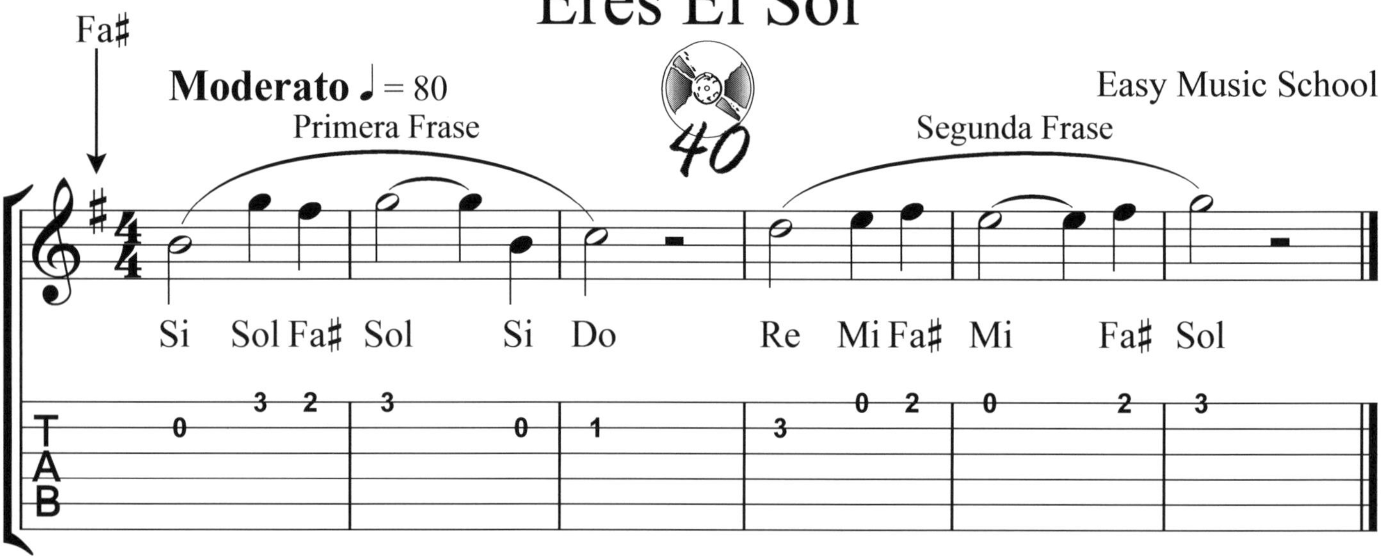

Nota negra con puntito

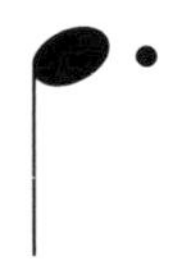

Ésta nota vale un tiempo y medio.

Corchea

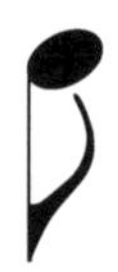

Ésta nota vale medio tiempo o un octavo.

Se le dice **ARMADURA** cuando al principio de cada canción se escribe los sostenidos o bemoles que lleva la música.
La canción "Reencuentro" está en el tono de Re y tiene dos sostenidos; Fa♯ y Do♯.

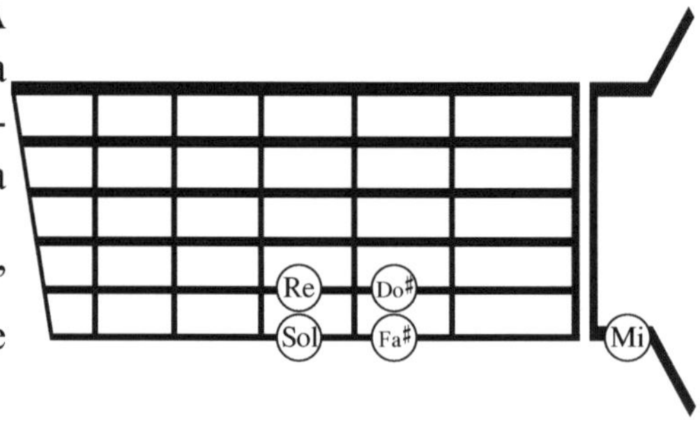

Reencuentro

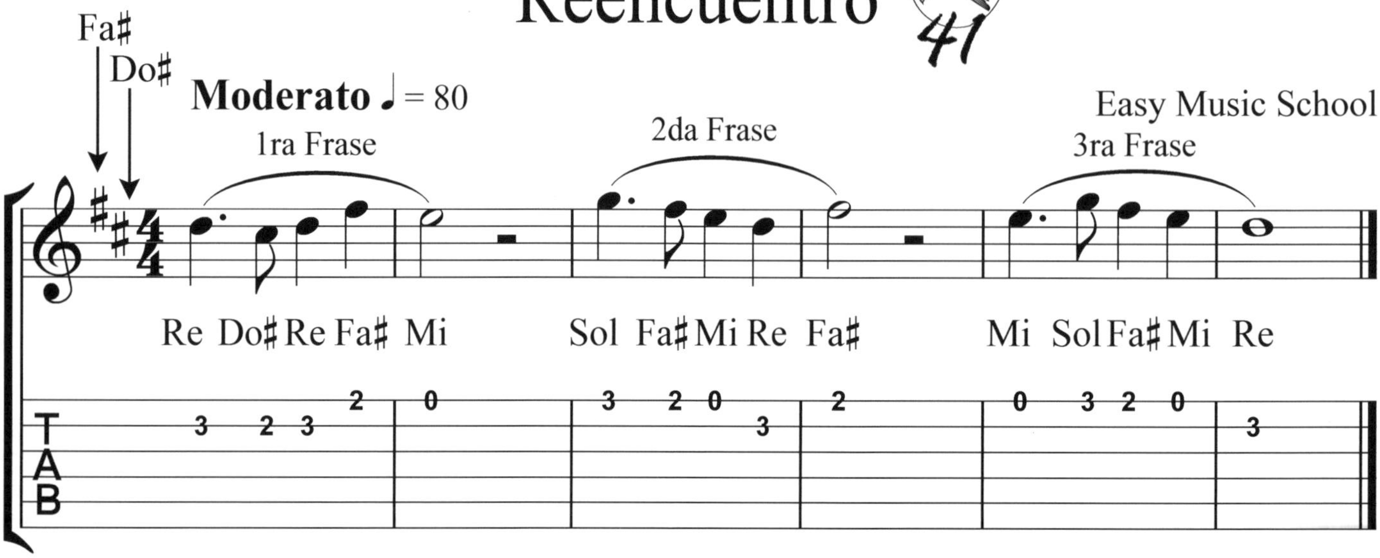

Ésta canción está en el tono de Fa, en la armadura del principio está puesto un bemol (♭) el Si♭, todas las notas de Si se tocan Si♭.
Otra cosa importante es los octavos del primer y quinto compás, hay ocho notas en un compás, y se tocan seguiditas, escucha el CD y la podras tocar mejor.

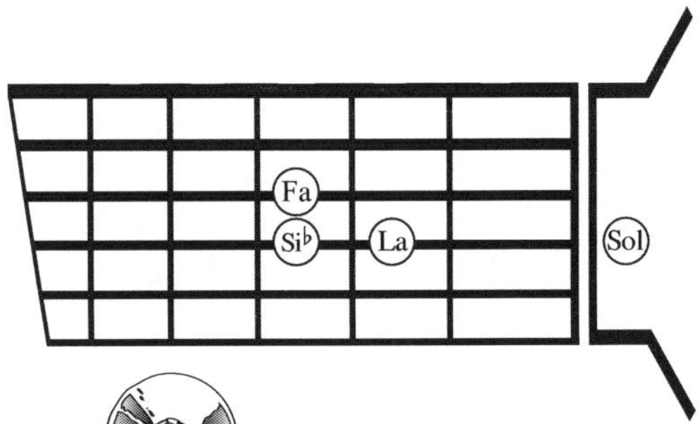

Sueños De Fama

42

Moderato ♩ = 80

Easy Music School

Si♭

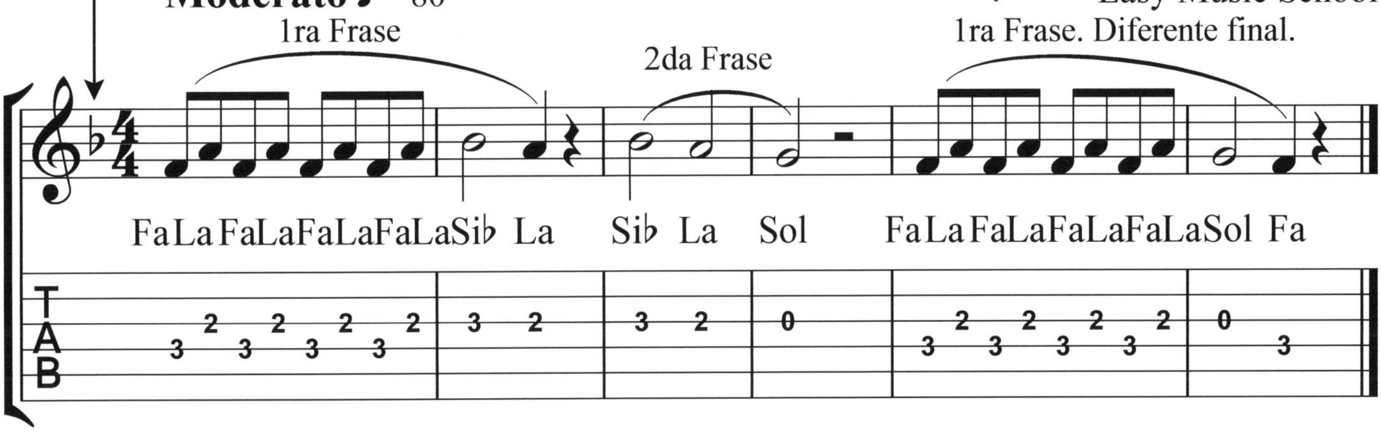

"Respirando Amor" está en el tono de Re Mayor, lleva dos sostenidos, Fa♯ y Do♯, es un poquito más larga pero igual de sencilla.
Disfruta cada una de las canciónes y tocalas a tiempo. Todo lo que has aprendido hasta ahora te sirve para tocar muchas otras canciónes de tu agrado. Y siempre escucha el CD.

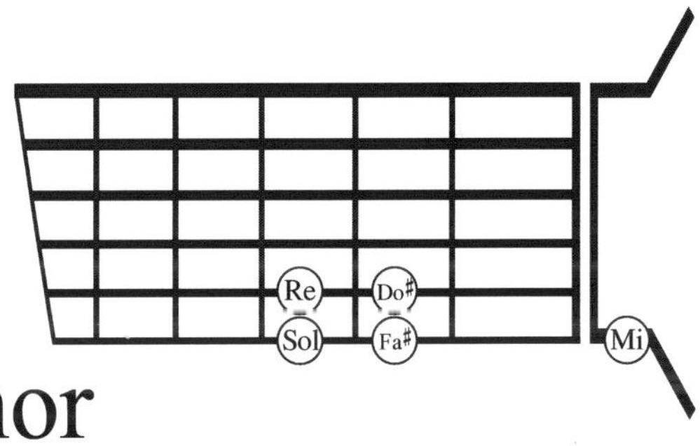

43

Respirando Amor

Moderato ♩ = 80

Easy Music School

RE Mayor

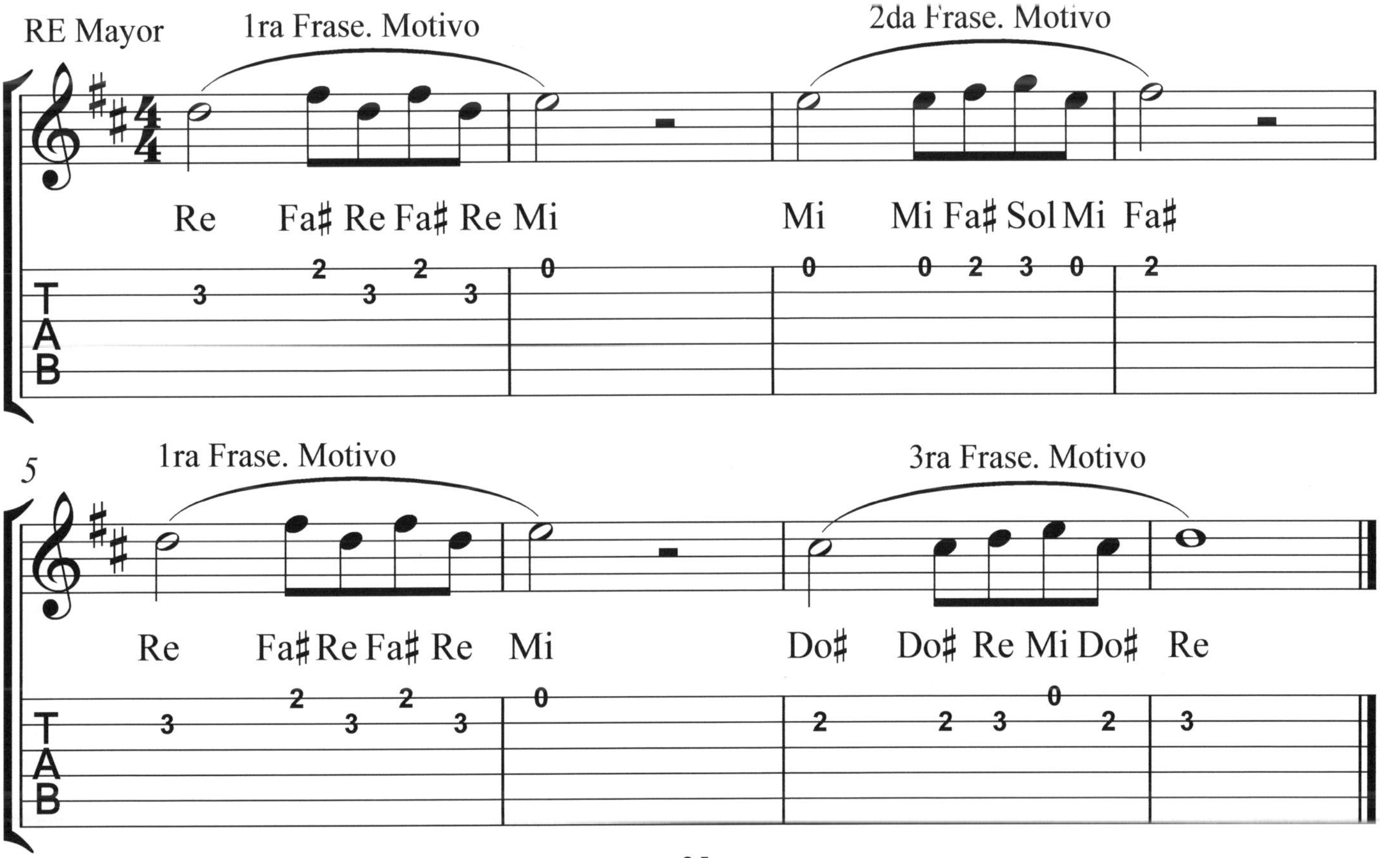

Signos de repetición

Los signos de repetición.

Hay una forma de repetir la música usando unos símbolos de repeticion, son las barritas con dos puntitos que ves en la partitura.

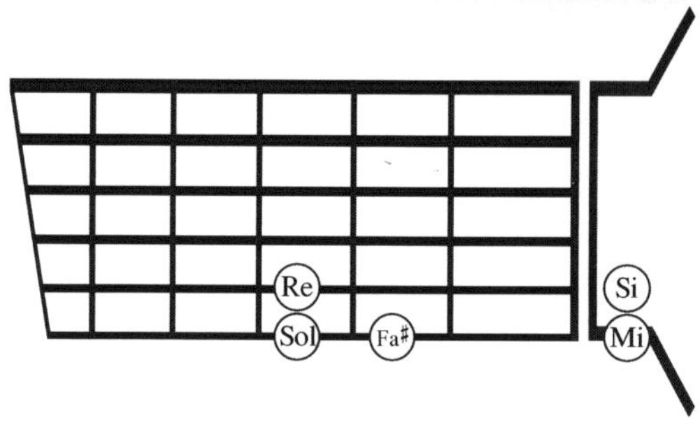

Repite toda la música que este dentro de las dos barras de repetición.

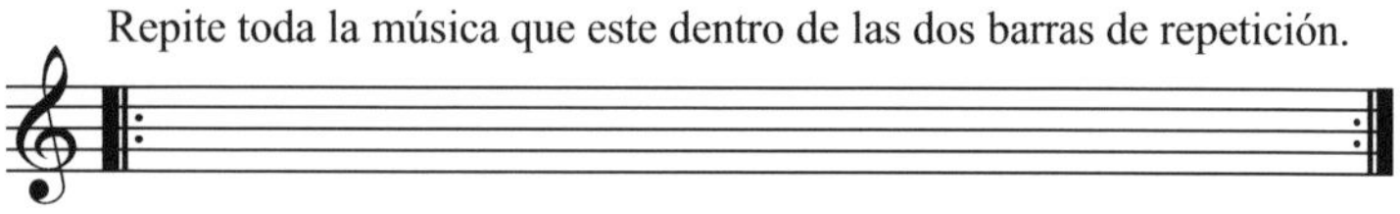

44

Repitelo Otra Vez

Moderato ♩ = 80

Easy Music School

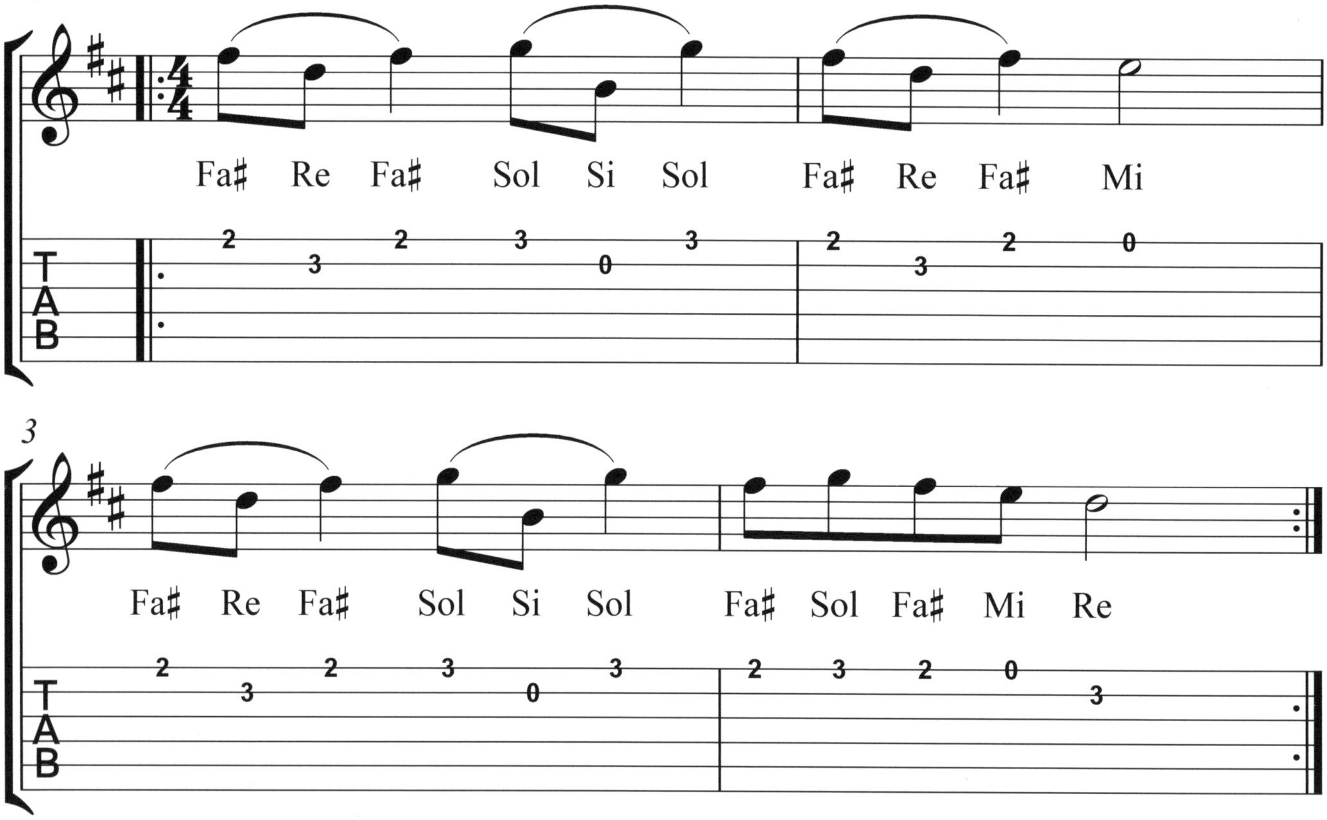

El Motivo.

El motivo es un fragmento de música que se repite durante toda la canción. Pueden ser dos o tres notas, y es muy fácil de ver.

El motivo melódico es cuando se repiten las mismas notas, y por supuesto el mismo ritmo. El motivo ritmico es cuando el ritmo es igual pero las notas son diferentes. La mayoria de canciónes usan motivos para sus melodias.

La quinta sinfonia de Beethoven es una de las piezas más populares y tiene un motivo de tres notas.

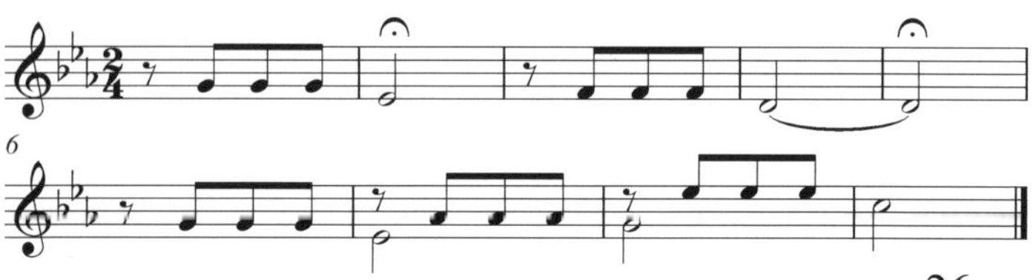

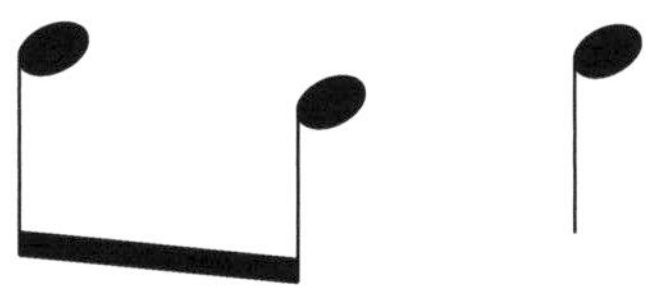

El motivo de ésta canción es dos corcheas y una negra, es un motivo ritmico porque las notas son diferentes pero el ritmo es igual.

Vamos a aprovechar para hacerte algunas preguntas y tu mismo te darás cuenta de lo que has aprendido.
Contesta las siguientes preguntas correctamente:
¿En que tono está ésta canción? ___________
¿La nota negra con puntito cuanto vale? _____________
¿Para que sirven los signos de repeticion? ___________
¿Que nota está en el segundo compás? ___________
Con estas respuestas correctas, estás listo para tocar ésta canción.

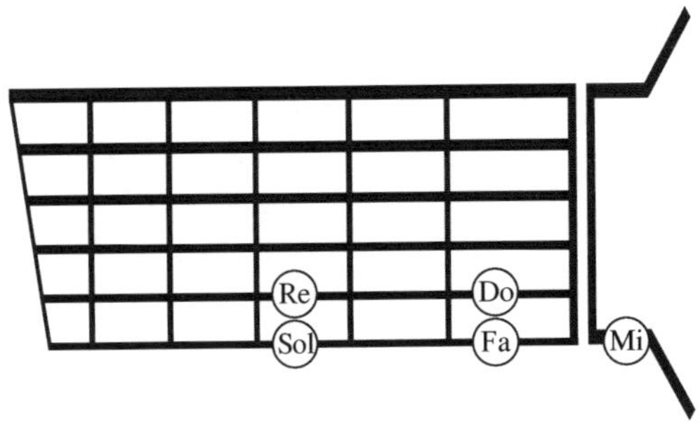

45

Un Amigo Nada Mas

Moderato ♩ = 80

Easy Music School

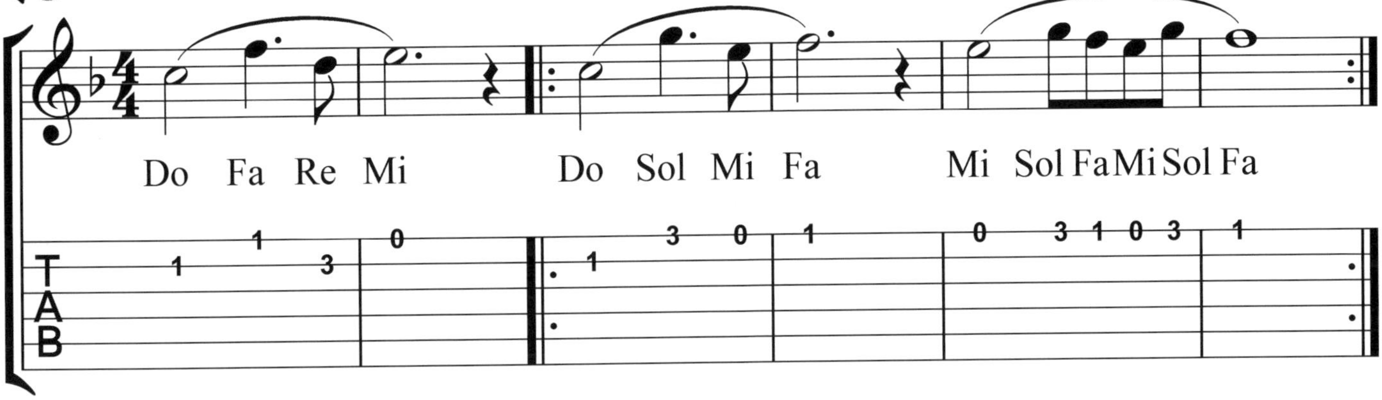

Contesta las siguientes preguntas correctamente:
¿En que tono está ésta canción? ___________
¿Cuanto tiempo vale una corchea? ___________
¿Cuales son las notas que están en el tercer compás? __________
¿Para que sirve la ligadura de fraseo? ___________
Si quieres aprender mejor, te recomiendo que memorices las canciónes, tocar de memoria algo te ayuda a entender mejor lo que estas haciendo.

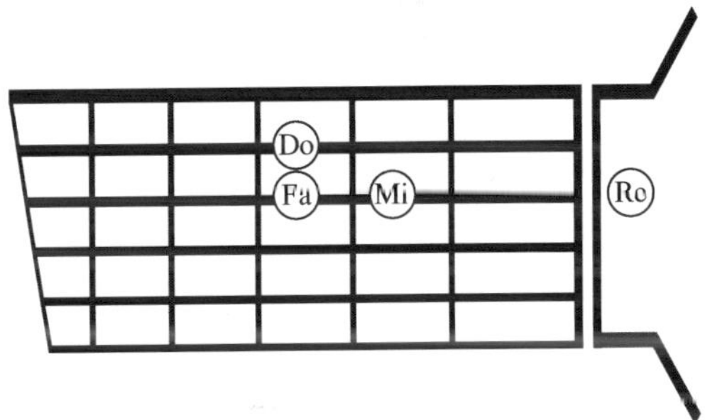

46

Abrazame Ahora

Moderato ♩ = 95

Easy Music School

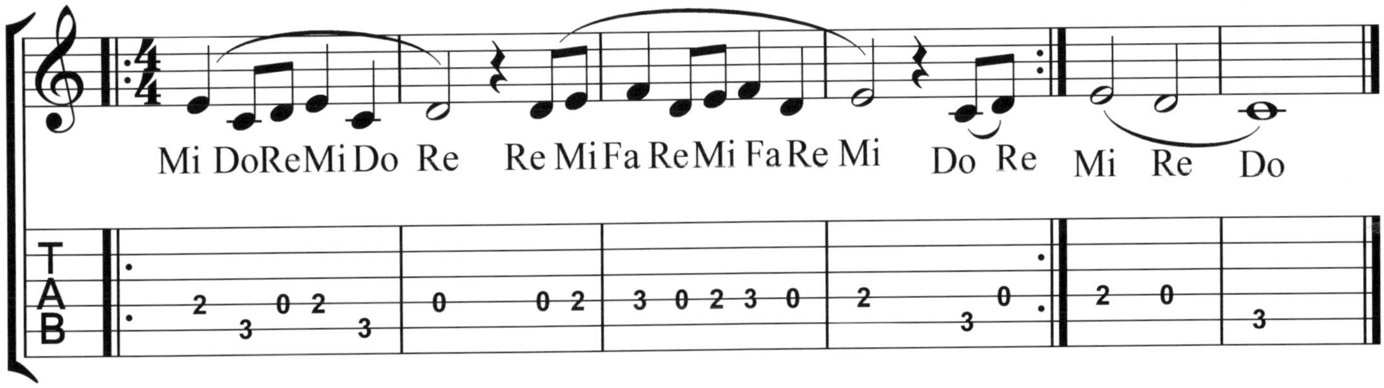

Contesta las siguientes preguntas:
¿Como se llama éste símbolo ♯ y para que sirve? ___________
¿Cuanto dura ésta nota 𝅗𝅥 y como se llama? ___________
¿Como se llama éste signo 𝄋? ___________
¿Cuantos sostenidos tiene la escala de Re? ___________
¿Que es una **armadura**? ___________
¿Cuanto tiempo dura éste silencio 𝄽? ___________

Escribe los nombres de las notas.

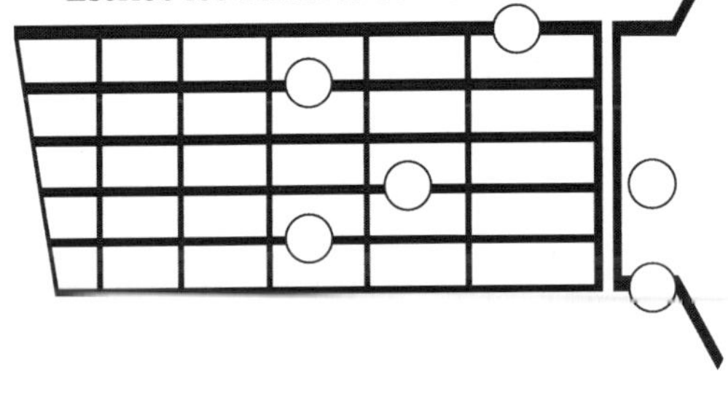

Anacruza y dinamica

Anacruza.

Hay canciónes que en lugar de empezar en el primer tiempo del compás, empiezan en el segundo o en el cuarto, o en cualquier otro tiempo, menos el primero. A ese conjunto de notas que estan antes del primer tiempo se le llama anacruza. La anacruza puede ser una nota o varias notas.
Ésta canción tiene una nota en el cuarto tiempo.

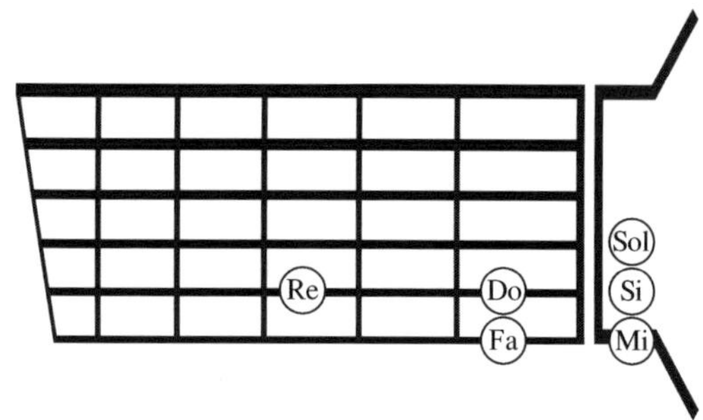

47 Anacruza

Marcha Naval

Moderato ♩ = 95

Easy Music School

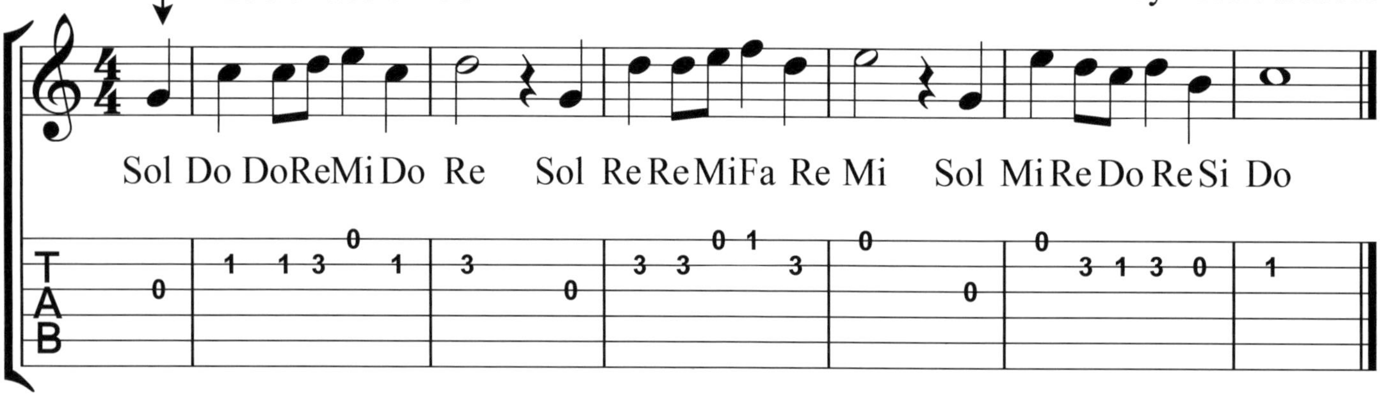

El vibrato se produce cuando tocas la nota y enseguida hacer vibrar el dedo de la mano izquierda para hacer que la nota vibre.
En "Una Triste Canción" puedes tocar con vibrato, porque la canción es triste y porque va muy lenta, te da tiempo de practicar el vibrato. Otra cosa importante en éstas dos canciónes es que las vas a tocar usando tres cuerdas en la guitarra, siempre fijate en el dibujo de la guitarra para que te ayude a identificar en donde están las notas.

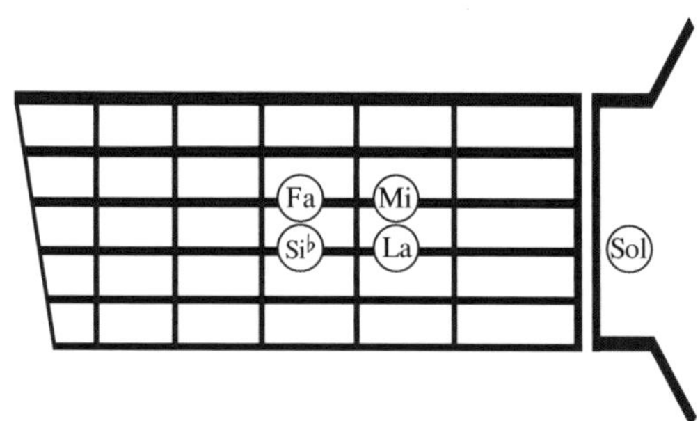

48 Anacruza

Una Triste Canción

Lento ♩ = 60

Easy Music School

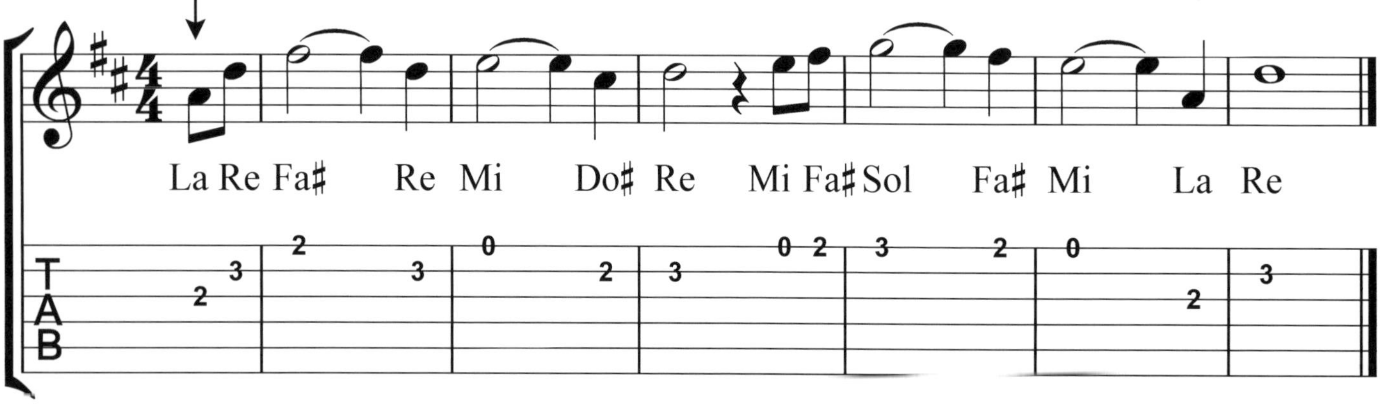

Dinamica.

La dinamica te explica los símbolos que se usan en la música para que sepas cuando tienes que tocar con diferente volúmen. Siempre que escuchas música a veces se escucha muy fuerte o a veces muy quedito, pues en la música hay letras o palabras para decirte como debes de tocar. Éstas palabras vienen del idioma italiano, que fue el primero que se uso para escribir música.

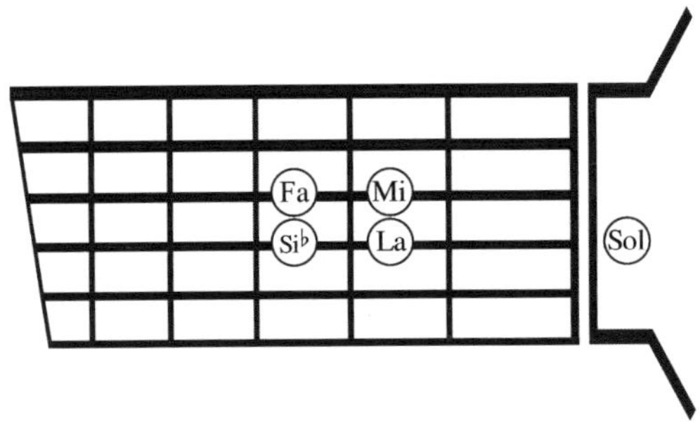

49

Di Que Si

Moderato ♩ = 80

Easy Music School

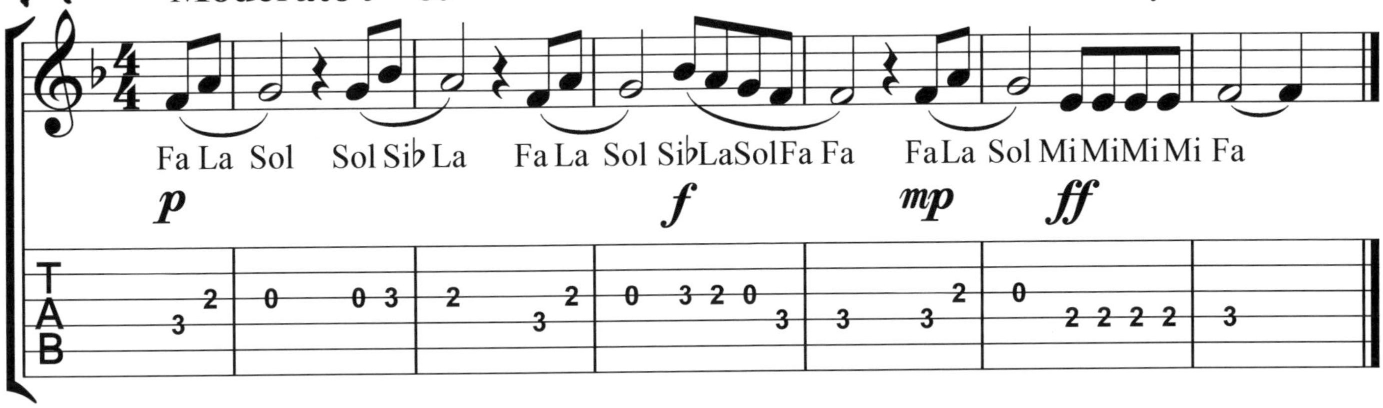

Cuando toques éstas canciónes trata de tocar quedito o fuerte de acuerdo a las letras que veas debajo de las notas. Aprendete estos cuantos símbolos, son muy fáciles.

pp *pianissimo* Toca muy bajito de volumen, que apenas se oiga.

p *piano* Bajito de volumen, pero no tanto.

mp *mezzopiano* Medio bajito, poquito mas fuerte que *piano*.

mf *mezzoforte* Medio fuerte, poquito menos fuerte que *forte*.

f *forte* Fuerte de volumen, que se oiga.

ff *fortissimo* Ahora sí, toca muy fuerte, fuertisimo.

crescendo

Quiere decir "creciendo", o sea que cada vez tocas mas fuerte.

decrescendo

Quiere decir "decreciendo", en éste caso poco a poquito le vas bajando el volúmen. Vas tocando mas bajito.

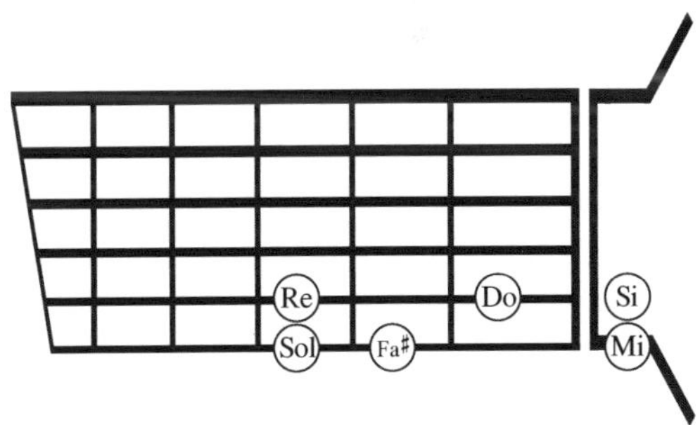

50

La Brisa De Verano

Moderato ♩ = 80

Easy Music School

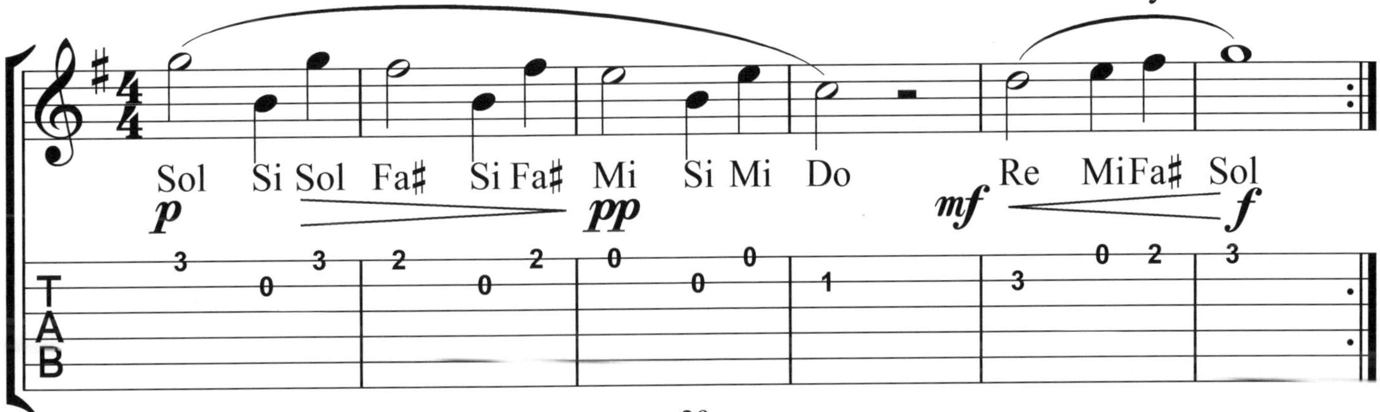

Tres cuerdas y arpegios

Las tres cuerdas de arriba.

Toca ésta canción con las tres cuerdas de arriba, la 6ta, la 5ta y la 4ta. Fíjate que las notas están hasta abajo en el pentagrama y en la tablatura, pero, en el dibujo de la guitarra estan arriba.

¿Que nota es la sexta cuerda al aire? ____________

¿Que nota es la quinta cuerda al aire? ____________

¿Que nota es la cuarta cuerda al aire? ____________

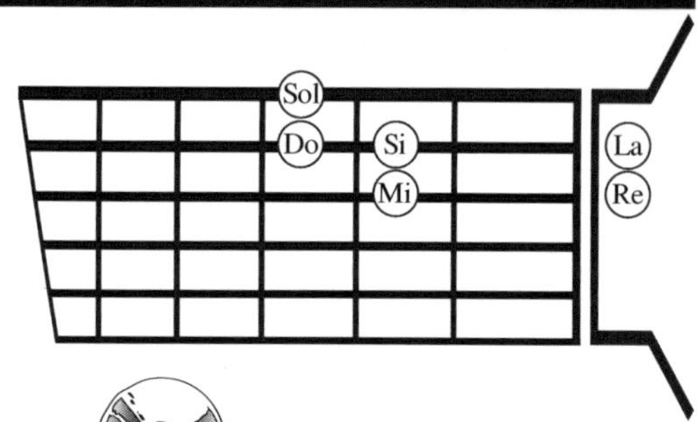

La Bamba Loca

51

Allegro ♩ = 120

Easy Music School

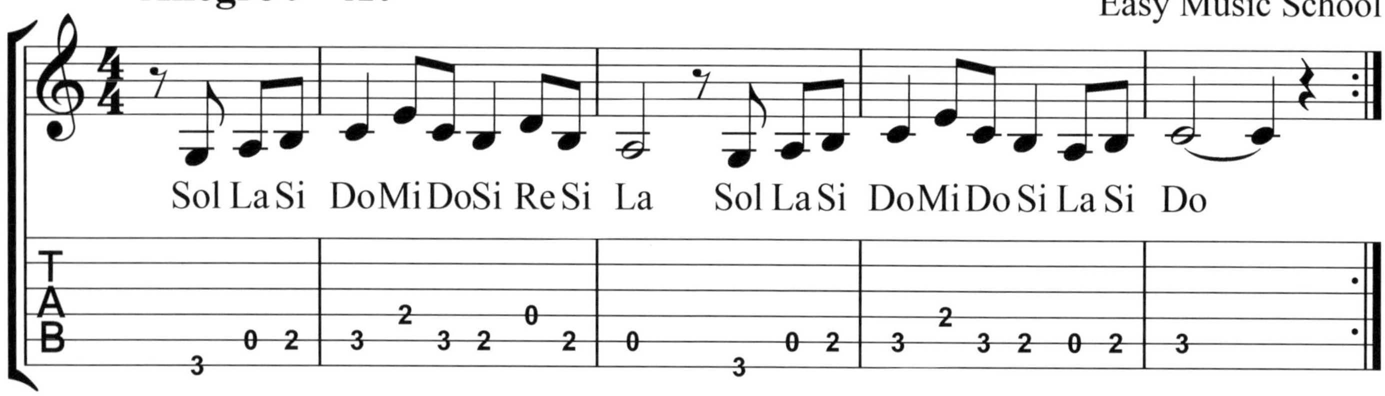

Las tres cuerdas de abajo.

Ahora vas a tocar las tres cuerdas de abajo. Las más delgaditas. Recuerda que en el dibujo se ven abajo, pero en el pentagrama están en la parte de arriba.

Ésta canción se oye medio triste porque está escrita en un tono menor, en el tono de LA menor.

¿Que nota es la primer cuerda al aire? ____________

¿Que nota es la segunda cuerda al aire? ____________

¿Cuales son las notas de la escala de La menor natural? ________

¿Cuales son las notas de la anacruza? ____________

¿A que velocidad se toca ésta canción? ____________

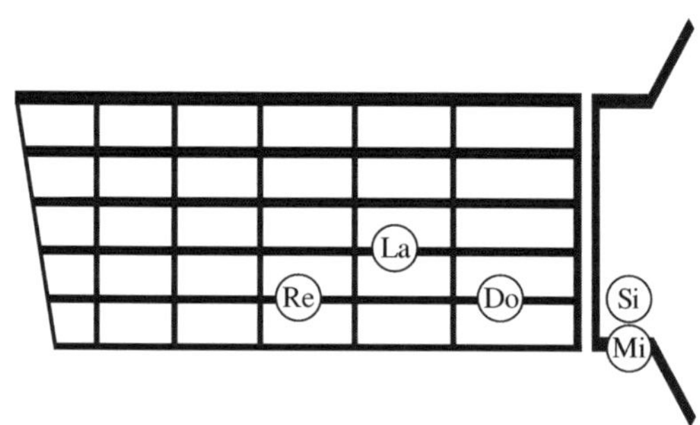

52

Melancolia

Lento ♩ = 72

Easy Music School

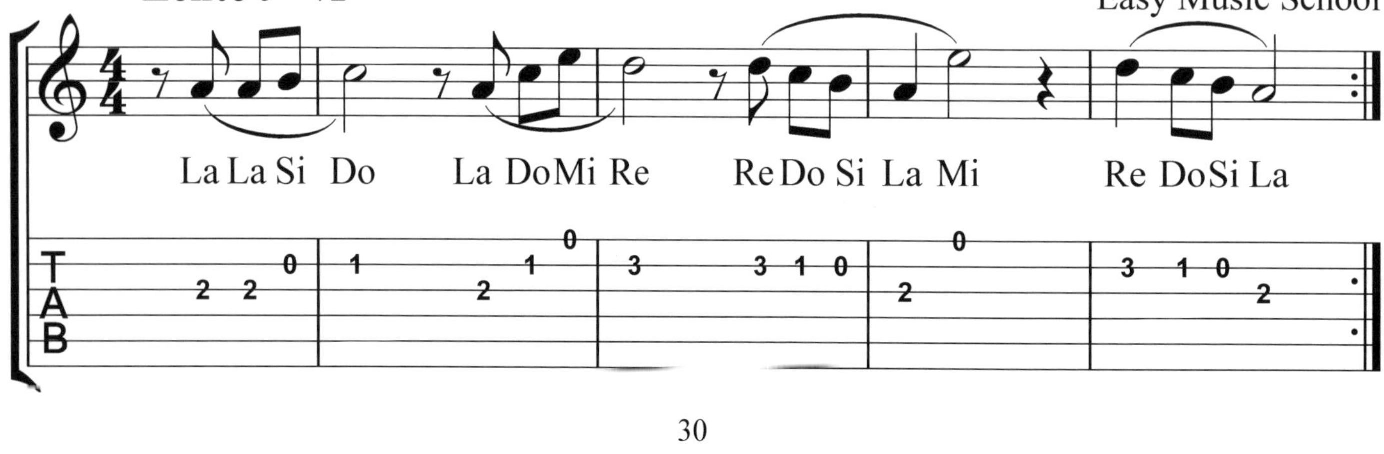

Un acorde es cuando tocas tres o más de tres notas diferentes al mismo tiempo. Un arpegio es cuando tocas esas notas del acorde de una por una. Hay muchos tipos de arpegios, y el arpegio se puede usar con cualquier acorde.
En la canción “Cumbia Alegre” hay dos acordes, el acorde de DO (C) y el acorde de SOL (G).
Las notas del acorde de C son: Do - Mi - Sol.
Las notas del acorde de G son: Sol - Si - Re.

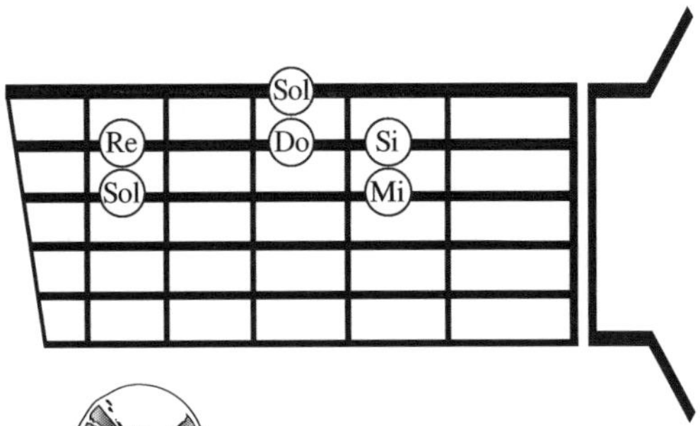

Cumbia Alegre

53

Moderato ♩ = 85

Easy Music School

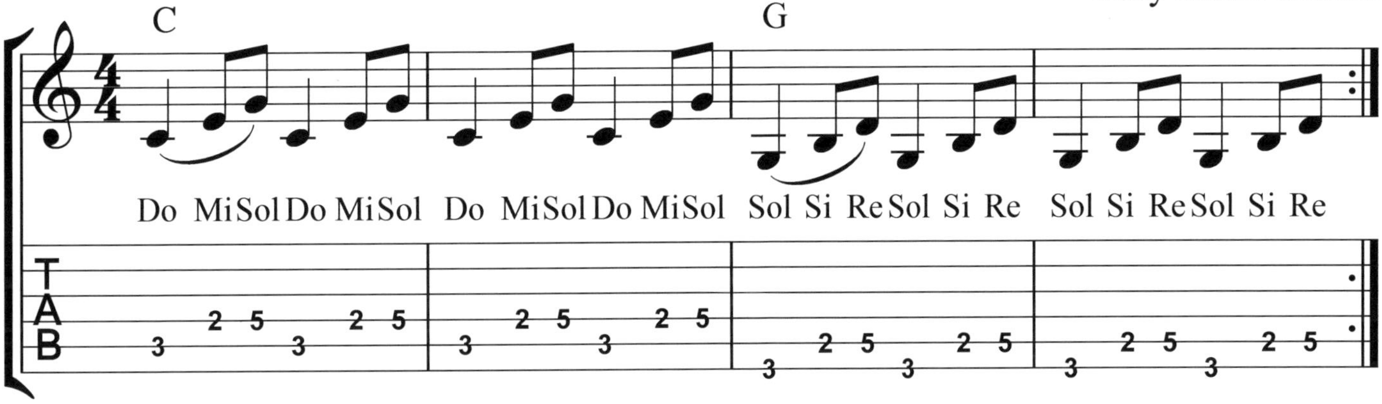

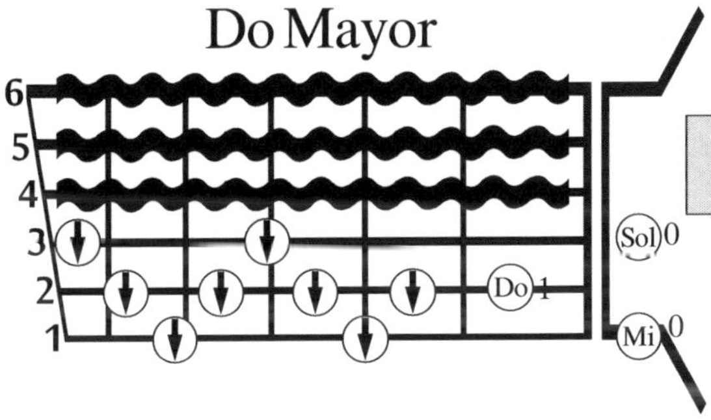

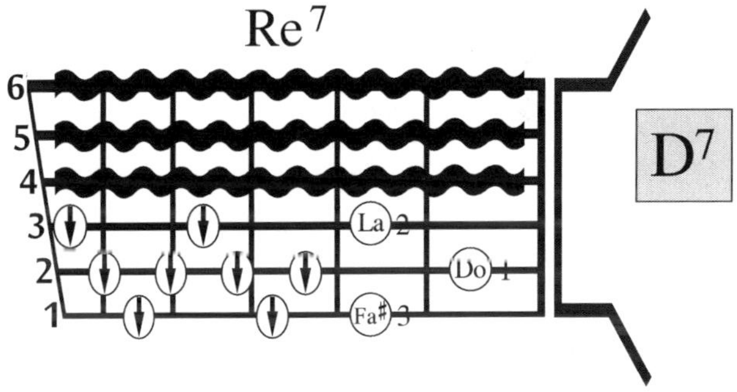

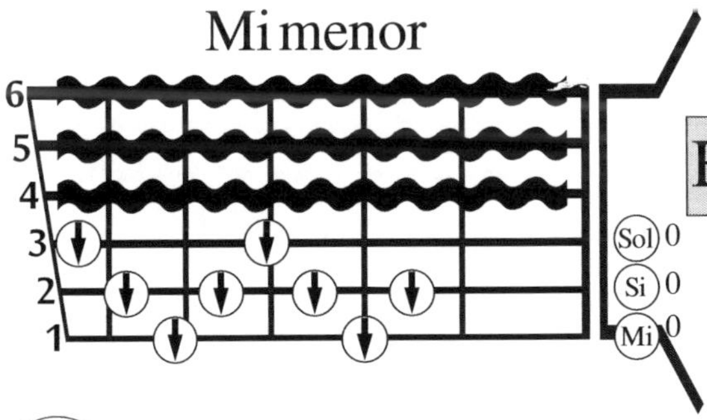

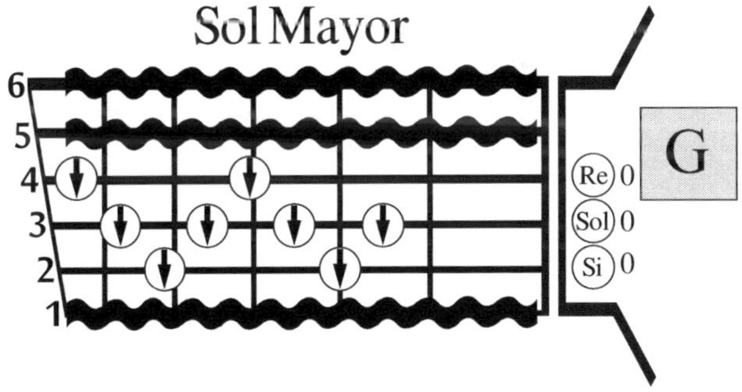

Con Las Olas

54

Moderato ♩ = 75

Easy Music School

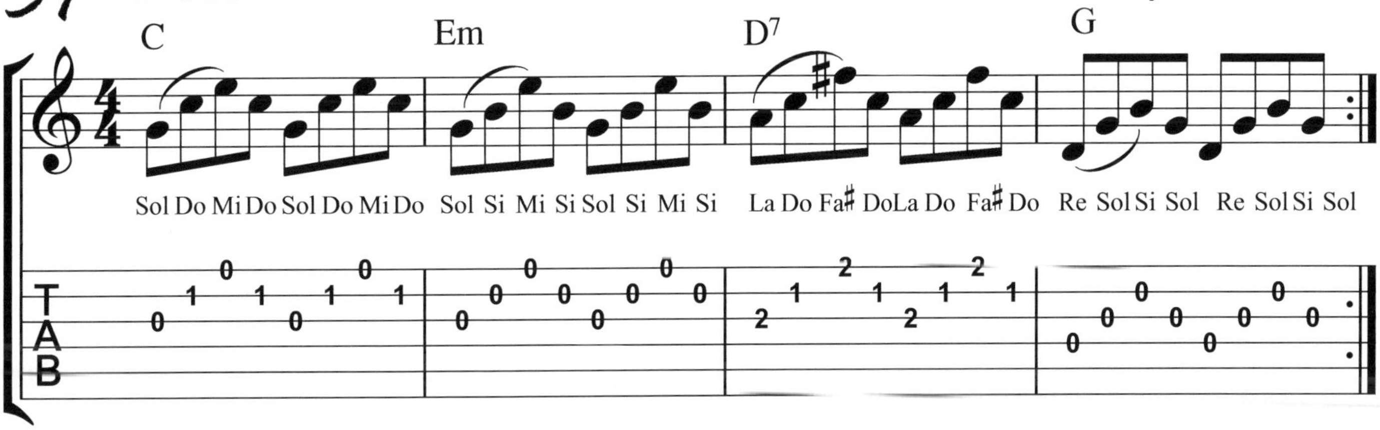

Dos notas al mismo tiempo

Intervalos.

Cuando tocas dos notas al mismo tiempo se le llama interválos.
Un intervalo es la distancia que hay entre dos notas.
Por ejemplo; de Do a Mi hay una distancia de tres notas (Do-Re-Mi) por eso se le dice que es una tercera.
Fíjate en la nota de Mi de ésta canción, la puedes tocar en dos lugares diferentes, y es la misma nota.

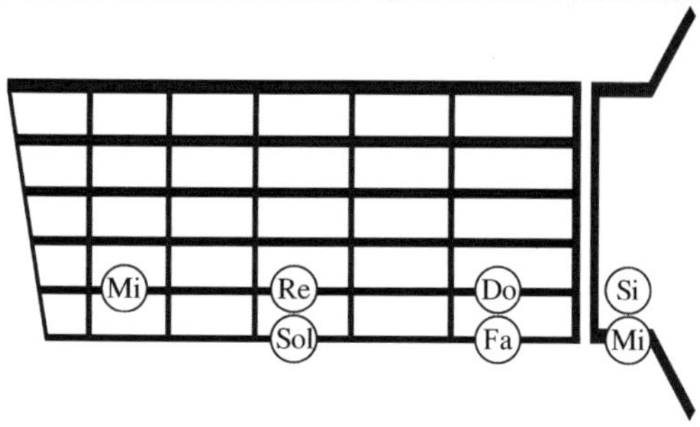

55

Mi Pareja Ideal

Moderato ♩ = 95

Easy Music School

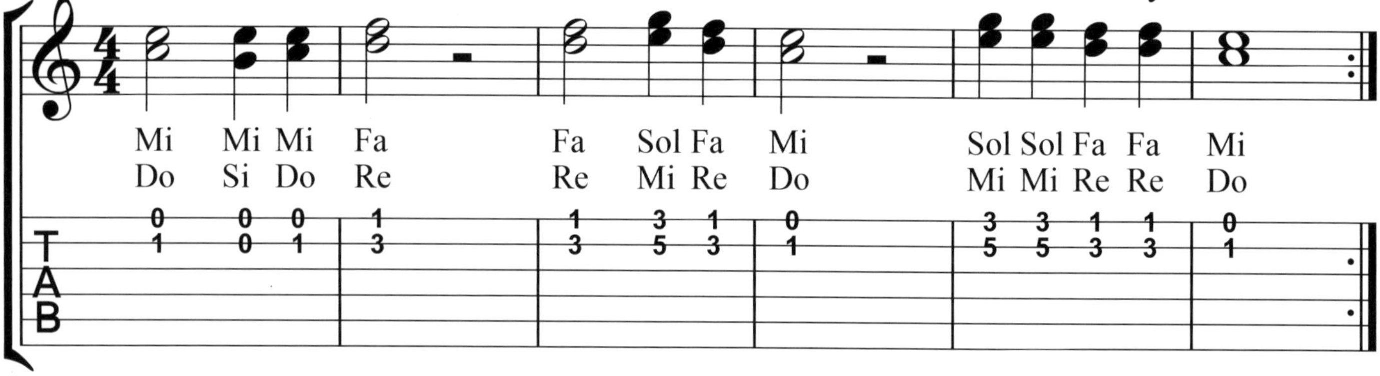

Principios de requinto.

Ésta canción está un poco avanzada es muy importante que uses los dedos adecuados para tocarla.
Además hay que tocar en los trastes más agudos, como el 7 y el 8. Usa los números de la tablatura, te van a ayudar mucho.

Lo importante al tocar un requinto, es tocar las dos notas juntas parejitas, al principio puede ser un poco difícil, pero con la practica cada día se te va a hacer más fácil.

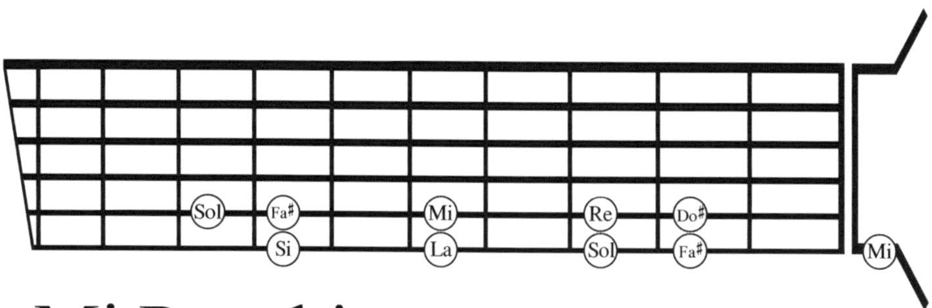

56

Mi Ranchito

Moderato ♩ = 95

Easy Music School

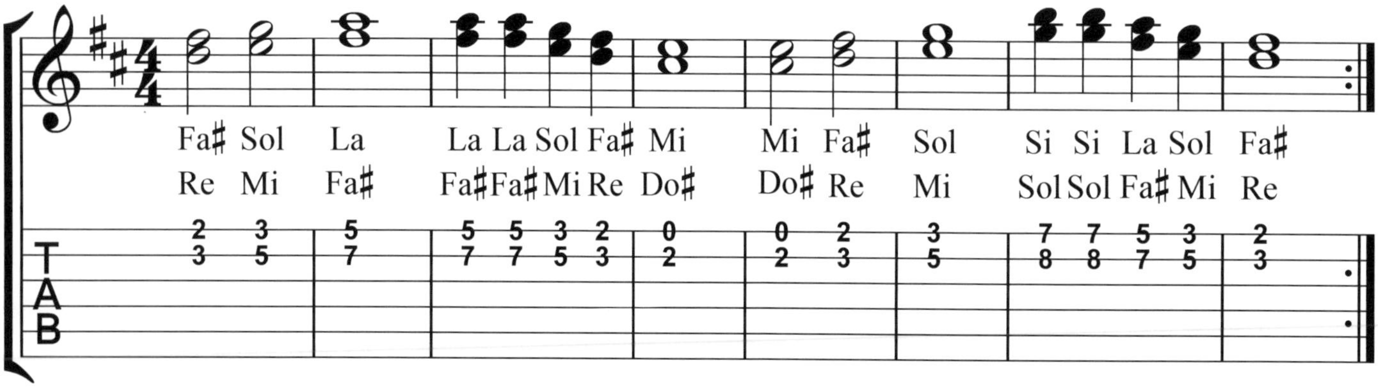

Arpegios.

En ésta canción te vas a encontrar una línea vertical ondulada.
Quiere decir que tocas el acorde o las notas de una por una, en lugar de tocarlas todas al mismo tiempo.
En la canción "Mi Malagueña" hay cuatro acordes, Am-G-F-E, ésta es una progresion muy común y se usa en miles de canciónes, así que es bueno que la aprendas de memoria.

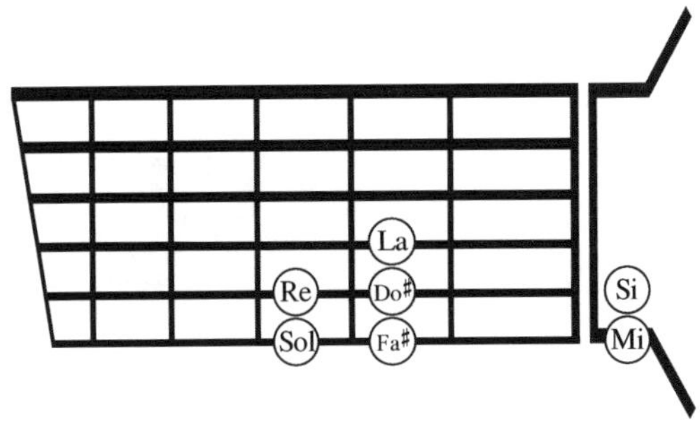

57

Mil Espejos

Moderato ♩ = 95

Easy Music School

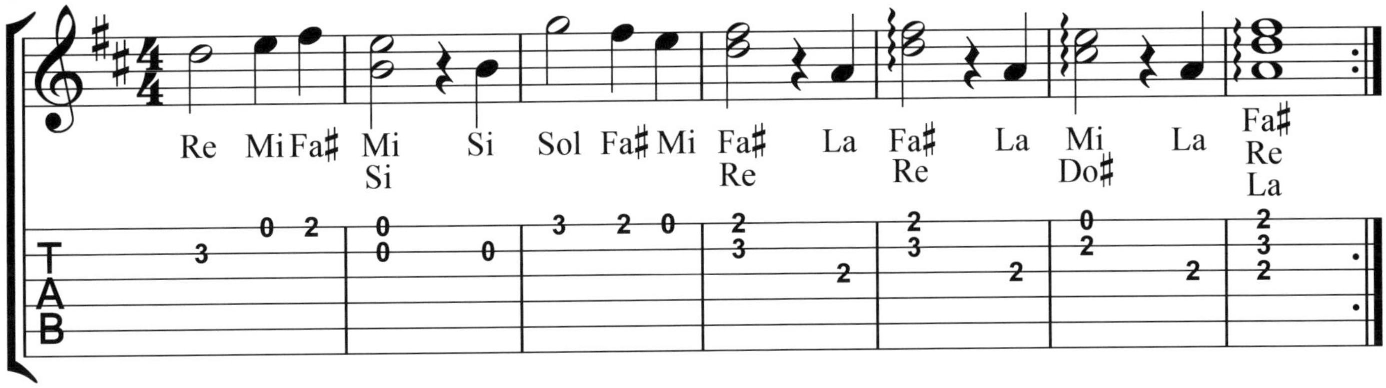

La menor

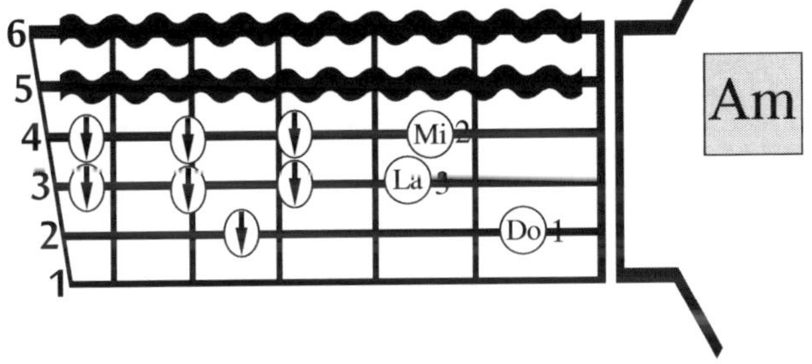

Fa Mayor

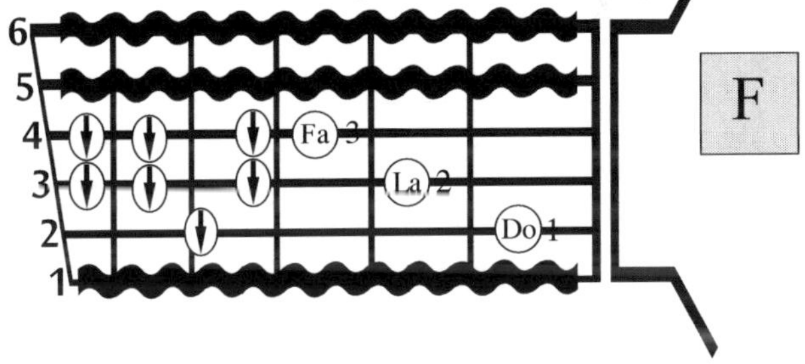

Sol Mayor

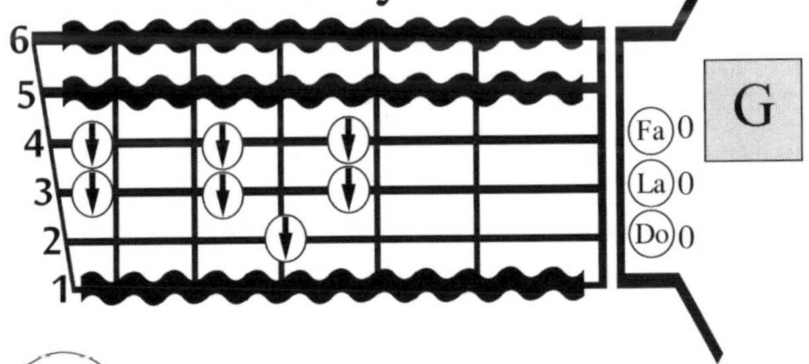

Mi Mayor

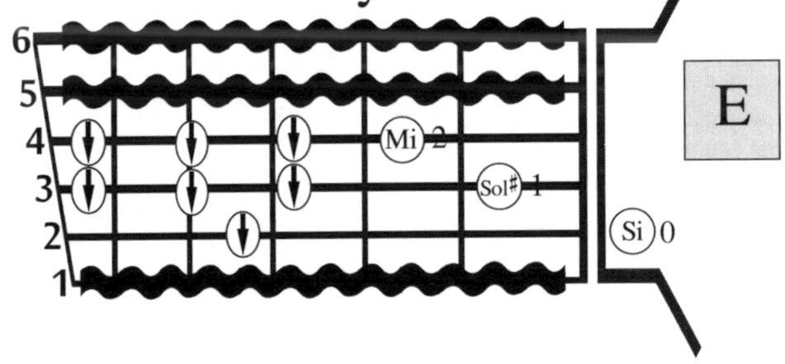

58

Mi Malagueña

Lento ♩ = 72

Easy Music School

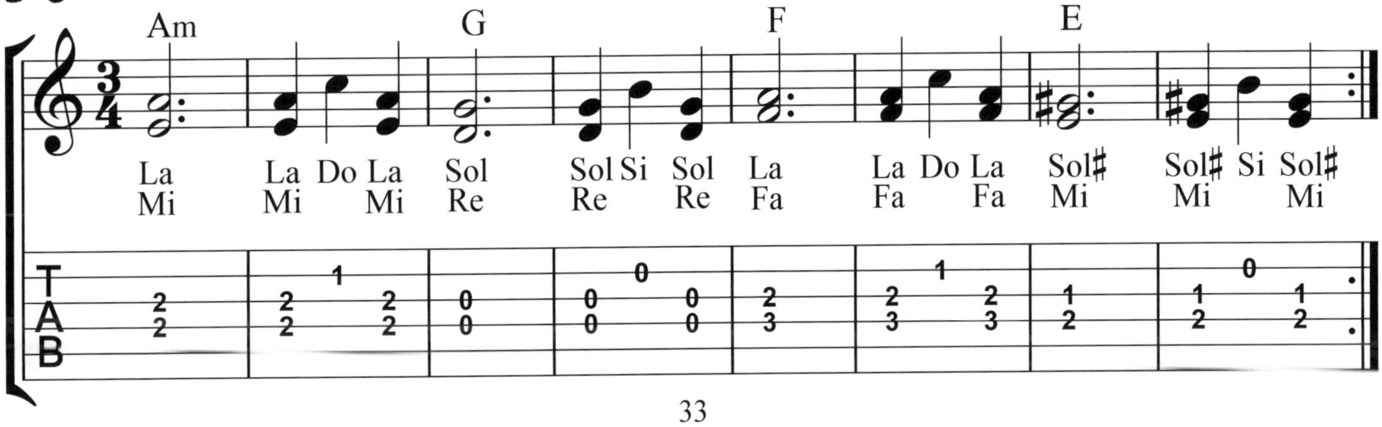

Canciónes más largas

Con todo lo que has aprendido, ésta canción es fácil.

Himno A La Alegria

Allegro ♩ = 100

Ludwig Van Beethoven

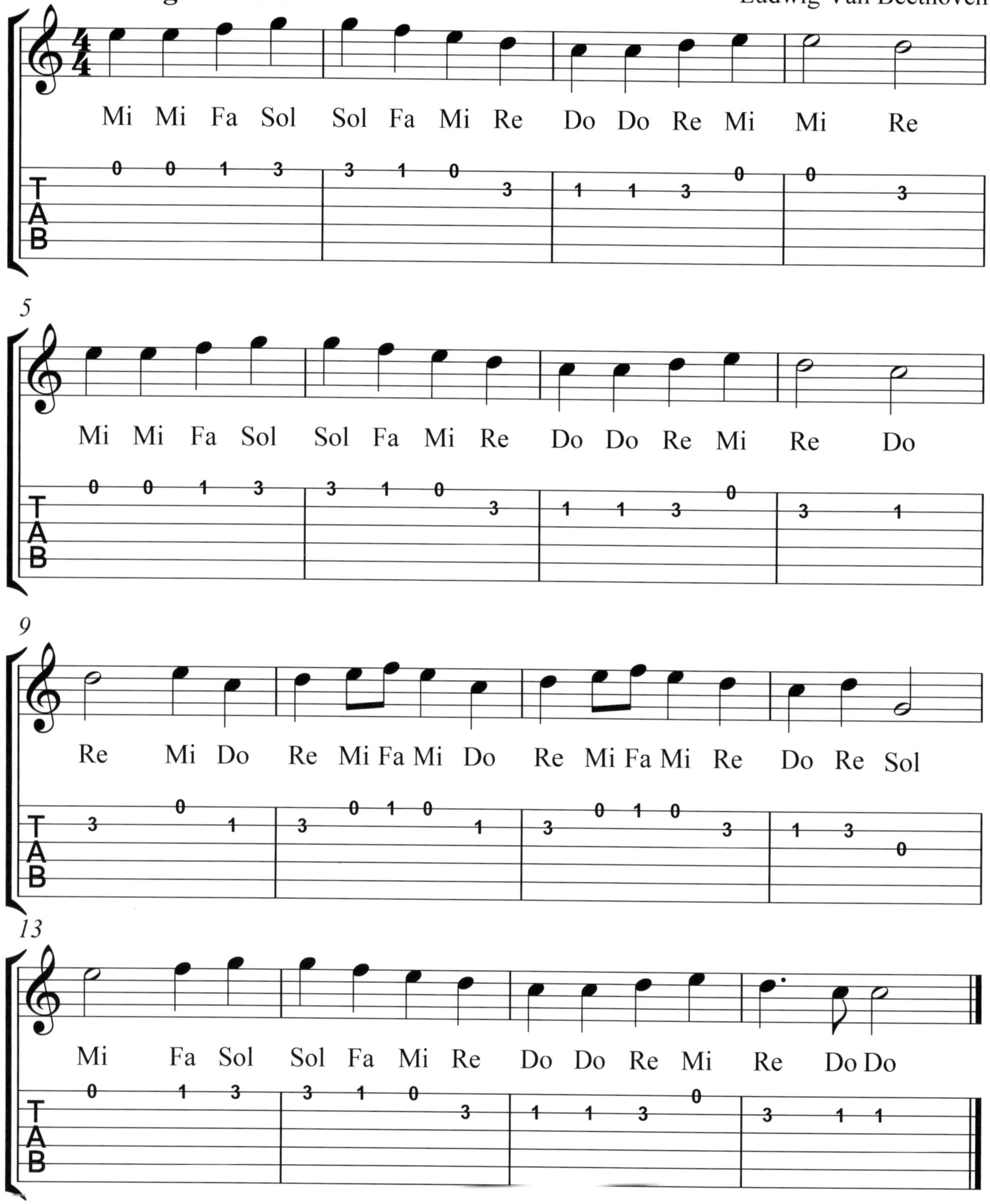

60

La Cucaracha

Allegro ♩ = 125

Traditional Mexicana

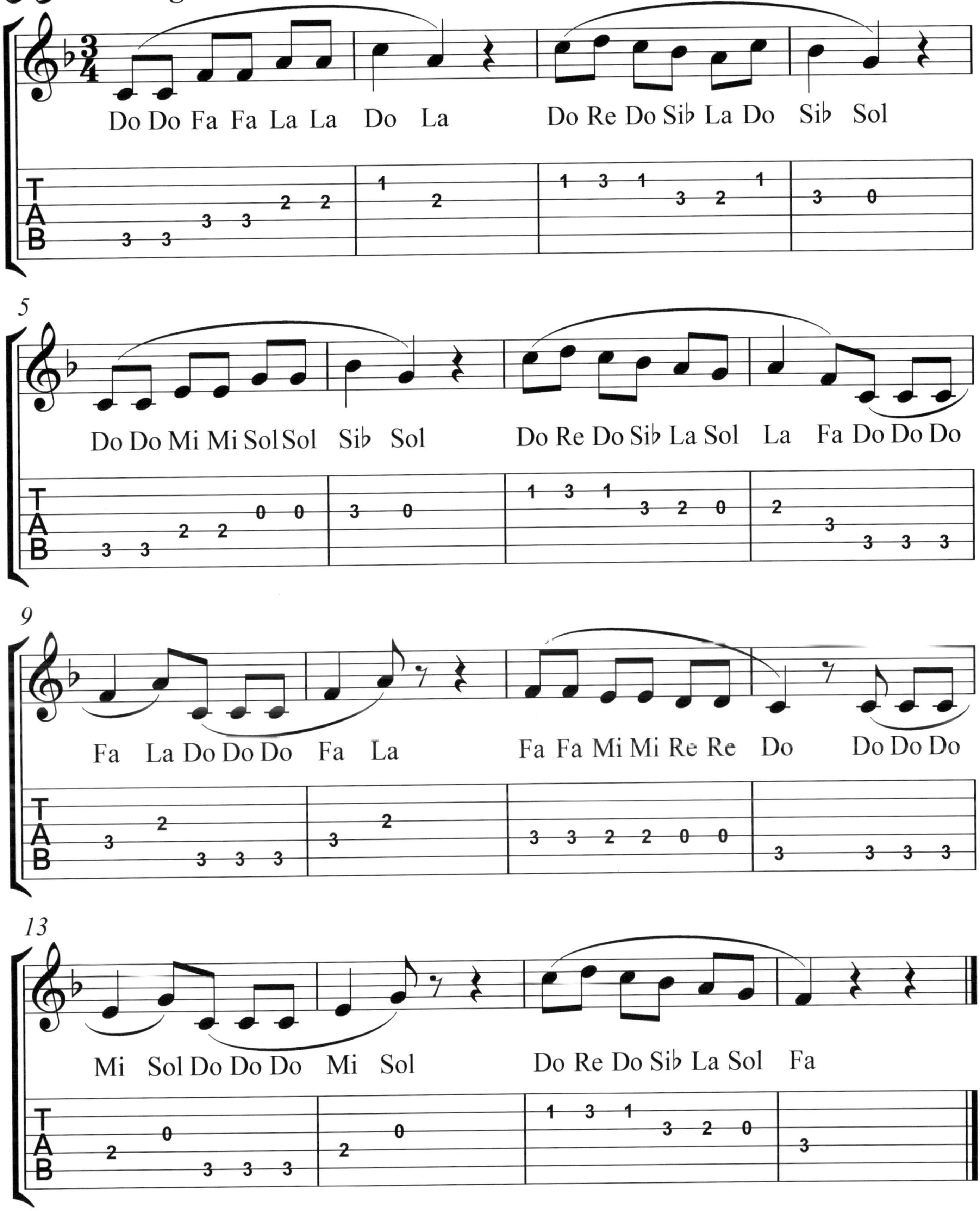

Al tocar una canción así de larga, a veces se confunde uno con las notas, o se le olvida a uno que tocar, por eso es importante aprenderse pedacito por pedacito de la canción. Toca la primera frase o la segunda y aprendetelas de memoria, luego la que sigue, y la que sigue, hasta que toques la canción completa.

Acordes y ritmos

El acorde de Mi menor (Em)

Éste acorde es uno de los más fáciles de tocar, solo aprietas dos cuerdas y listo. El ritmo que usamos aquí es también el más fácil que hay, solo tocas el acorde una vez cada cuatro tiempos. Lo importante de éste ejercicio, es que te aprendas el acorde de memoria y que lo toques bien clarito. Usa el acompañamiento del CD para que se oiga más bonito.

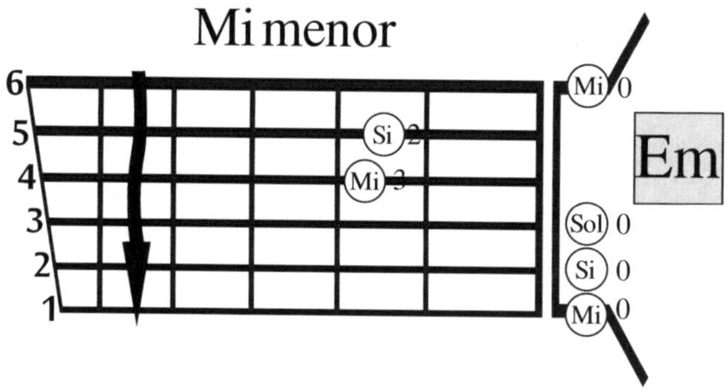

61 **Moderato** ♩ = 80

Easy Music School

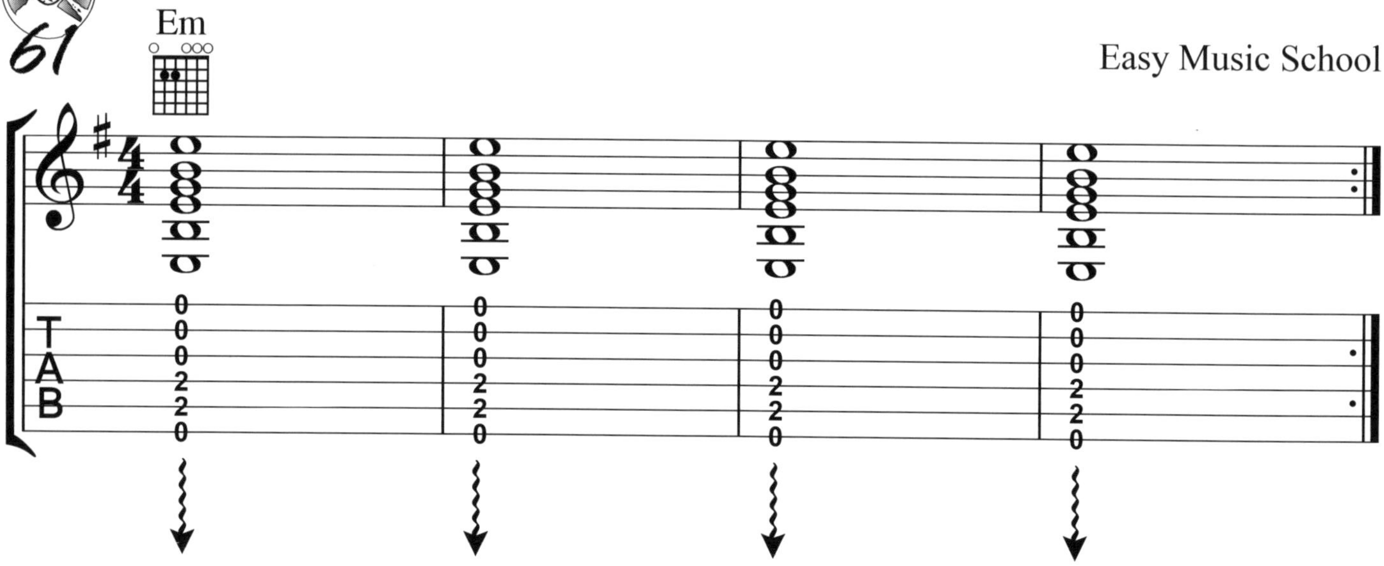

El acorde de La menor (Am)

El acorde de La menor o Am en ingles, es también fácil de tocar, fijate en los dedos que debes usar en cada acorde para que sea más fácil. La flechita que ves te indica cuantas veces debes de tocar el acorde.

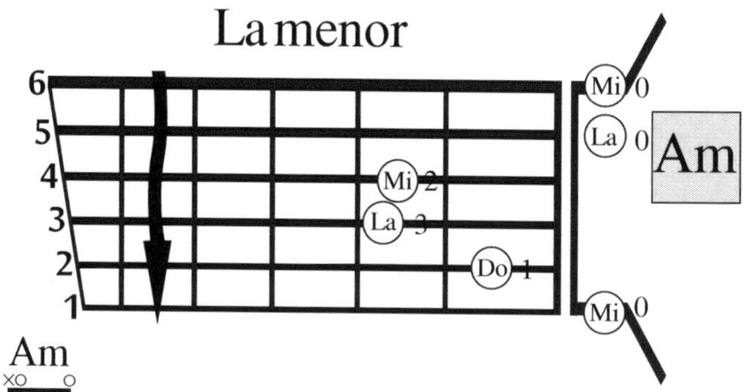

62 **Moderato** ♩ = 80

Easy Music School

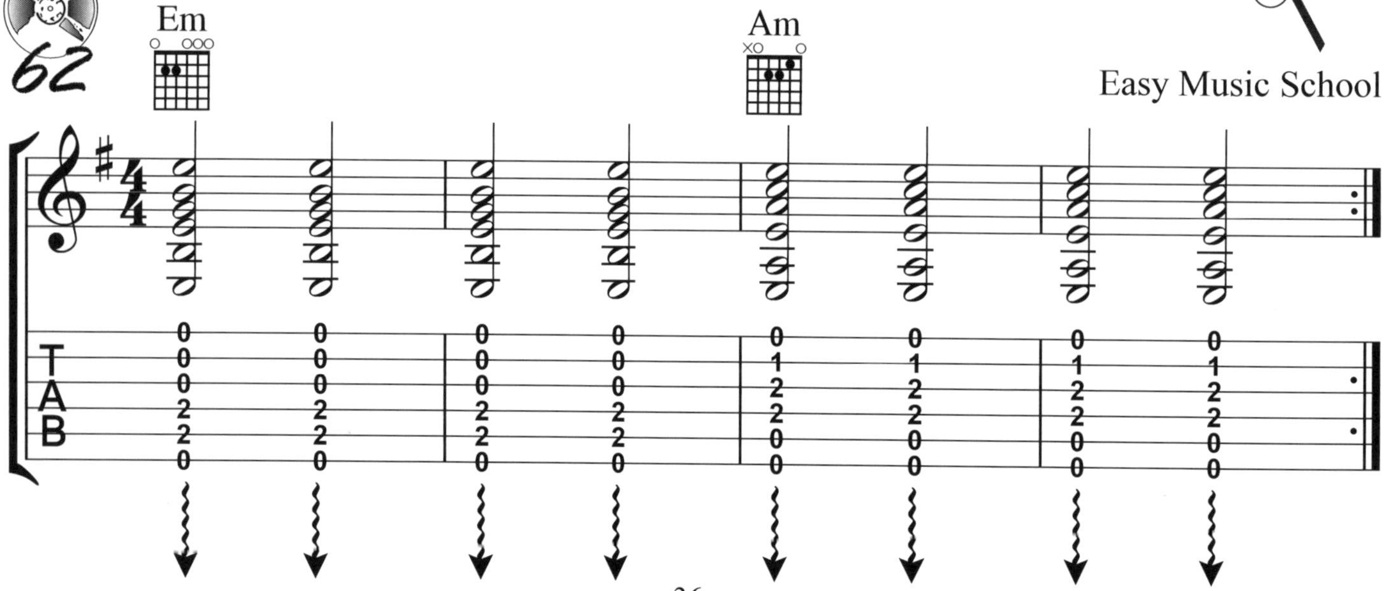

El acorde de La Mayor (A)

Seguimos con acordes fáciles, el acorde de La Mayor se usa en miles de canciónes rancheras. Fíjate que arriba de las notas en el primer compás está el dibujo de una guitarra con el acorde, pero en los siguientes compáces no está puesto, es porque si el acorde no cambia, ho hay necesidad de volverlo a poner. El ritmo de balada tiene varias variaciones ésta es una de ellas.

La Mayor

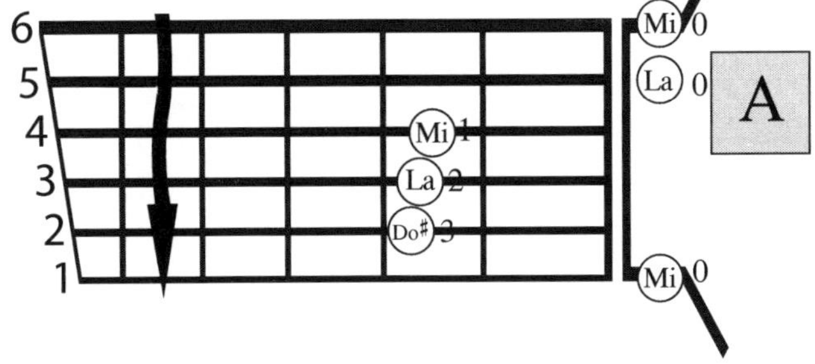

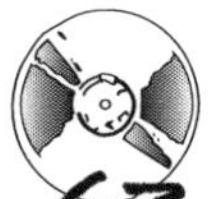

63

Moderato ♩ = 80

A

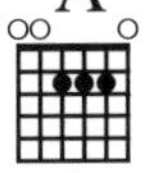

Ritmo de

BALADA

Easy Music School

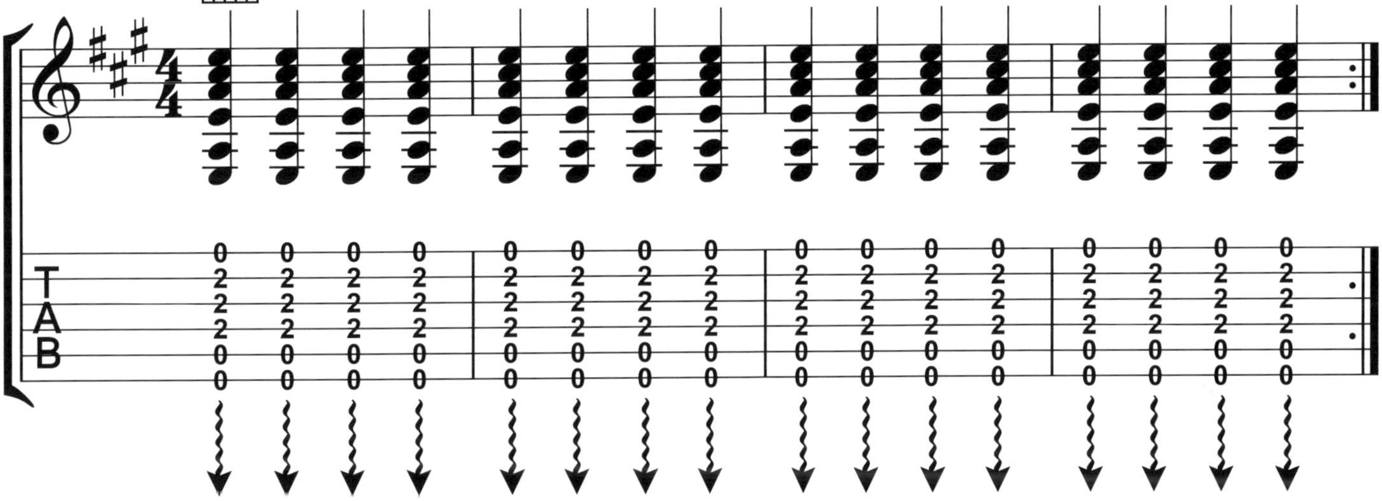

El acorde de Re Mayor (D)

En éste ritmo vas a usar el acorde de Re, al mismo tiempo que vas a hacer el bajeo. Primero, toca la nota de Re en la cuarta cuerda al aire y luego las tres primeras cuerdas pisando el acorde. Segundo, toca la nota de La en la quinta cuerda al aire y vuelve a tocar las tres primeras cuerdas. Repite éstos pasos muchas veces igualito y vas a empezar a distinguir el ritmo.

Re Mayor

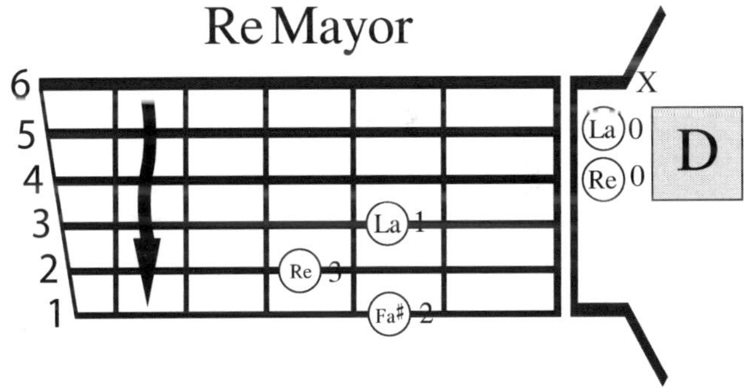

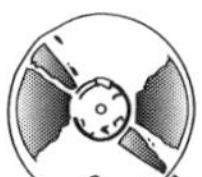

64

Moderato ♩ = 80

D

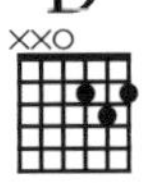

Ritmo de

BALADA RANCHERA

Easy Music School

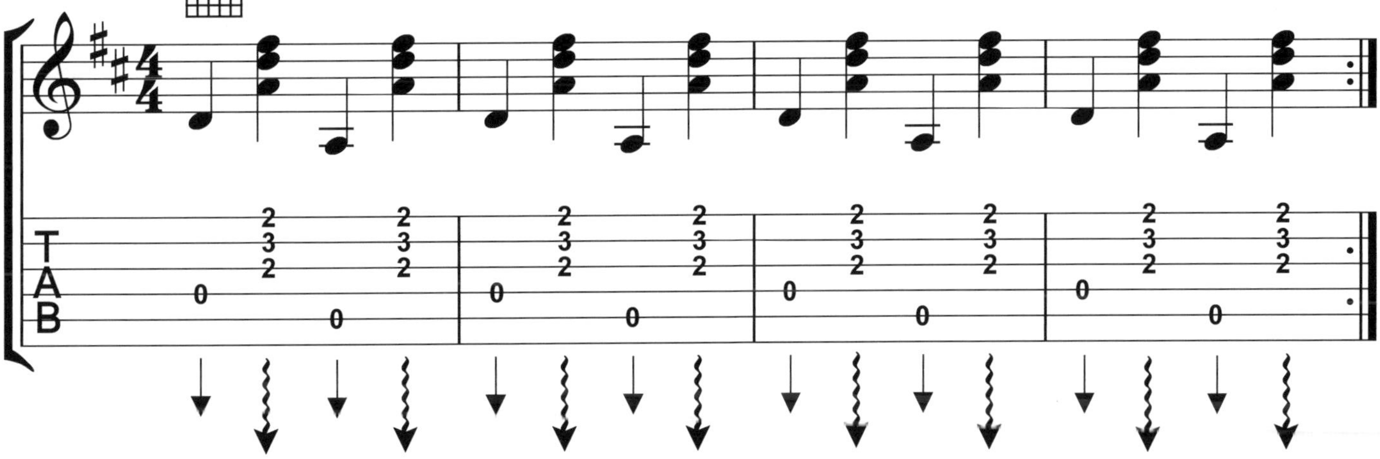

El acorde de Sol Mayor (G)

Como ya sabes varios acordes, ahora los vamos a combinar, y vamos a puntear las cuerdas de una por una en forma de arpegio. Las letras **a**, **m**, **i**, son para que toques con los dedos de la mano derecha, anular, medio e índice. La letra **p** es para el pulgar.

Sol Mayor

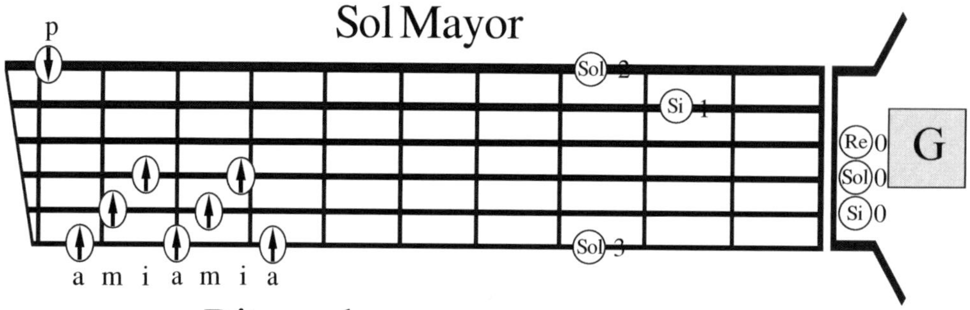

Ritmo de

BALADA ROMANTICA

Lento ♩ = 65

Easy Music School

65

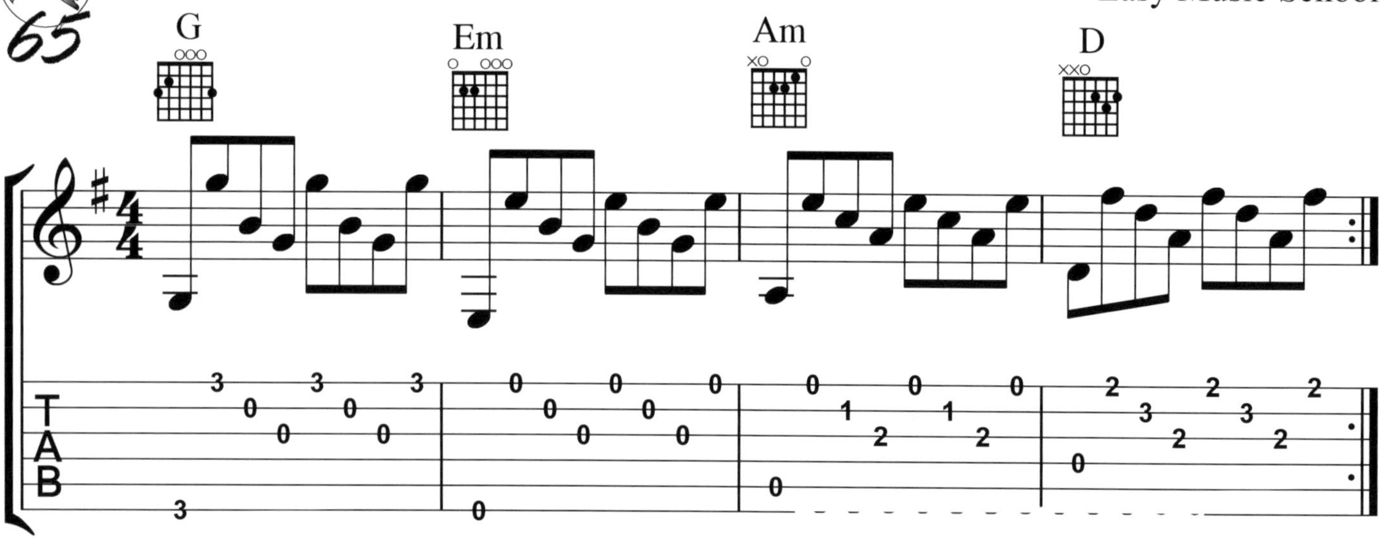

El acorde de Do Mayor (C)

Éste ritmo casi siempre se toca rapido, es fácil de tocar pero necesitas sentir el ritmo, por eso hay que tocarlo muchas veces.

Fíjate que tiene un silencio de octavo al empezar el ritmo (𝄾), eso quiere decir que no tocas nada, luego toca el acorde de abajo para arriba, luego nada y acorde, nada-acorde, nada-acorde. Escucha el CD y lo entenderas.

Do Mayor

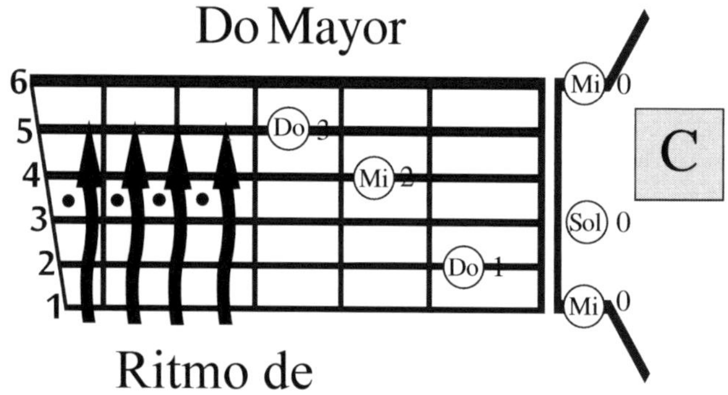

Ritmo de

CORRIDO

Corrido ♩ = 105

Easy Music School

66

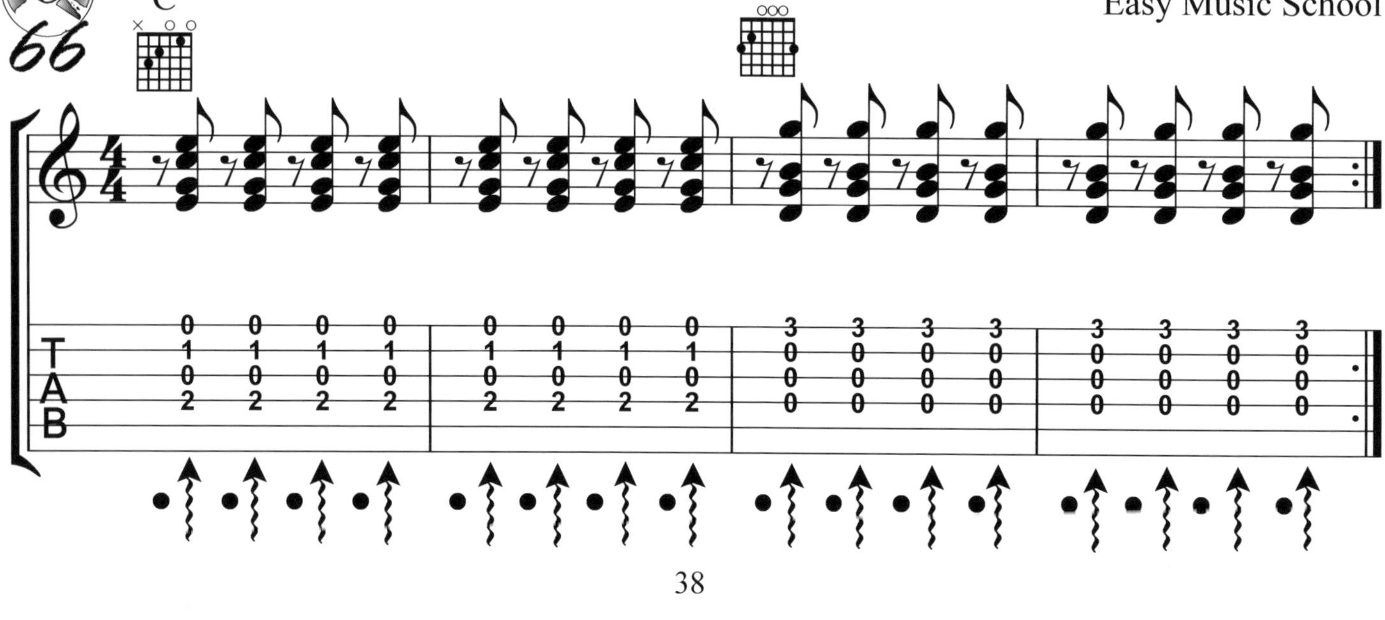

El acorde de Mi Mayor (E)

Éste ritmo es un poco difícil de tocar, pero con practica lo podras hacer. El cuarto dedo de la mano izquierda lo vas a tocar en el tercer tiempo. Recuerda que siempre debes de practicar despacio.

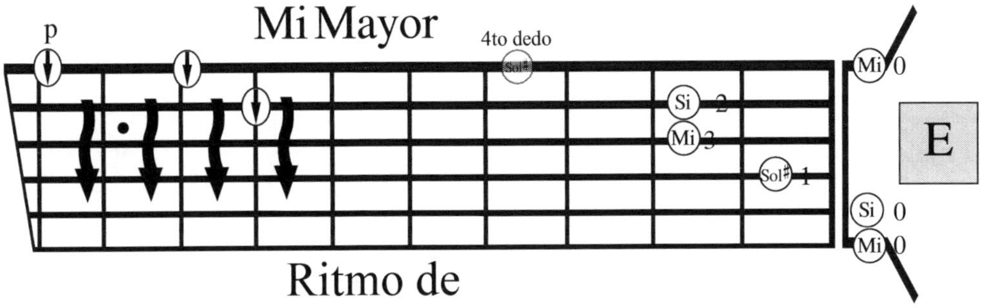

Ritmo de
BOLERO

67

Bolero ♩ = 85

Easy Music School

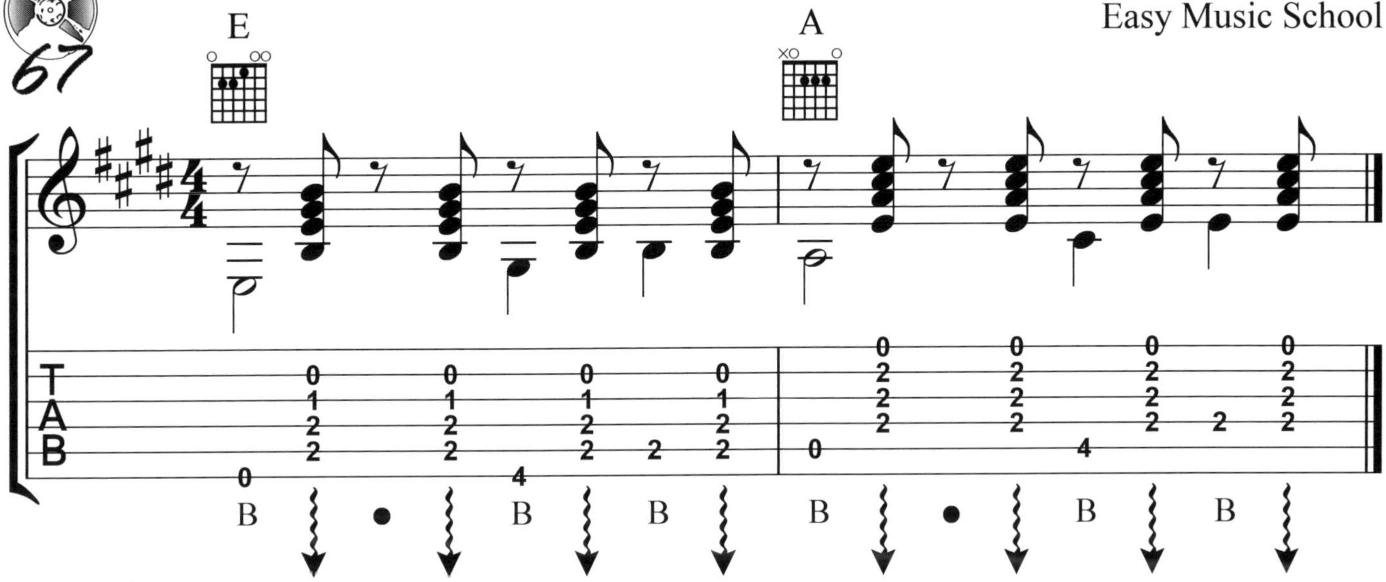

El acorde de Mi Mayor (E)

El ritmo de cumbia es parecido al corrido. Con la palma de la mano derecha enmudece las cuerdas, y luego tocas el acorde, nada-acorde, nada-acorde etc. la diferencia está en el bajeo y la velocidad.

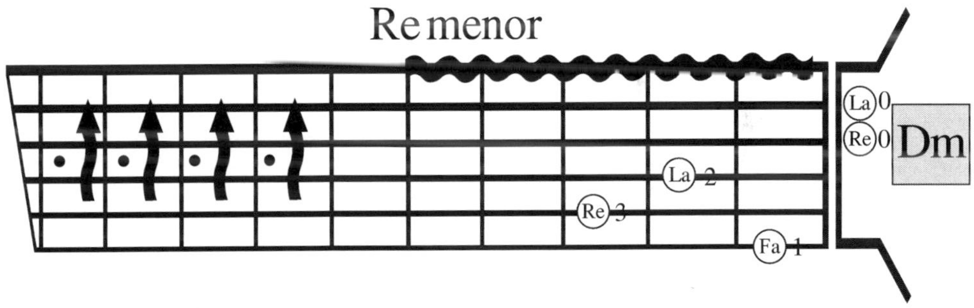

68

Cumbia ♩ = 85

Ritmo de
CUMBIA

Easy Music School

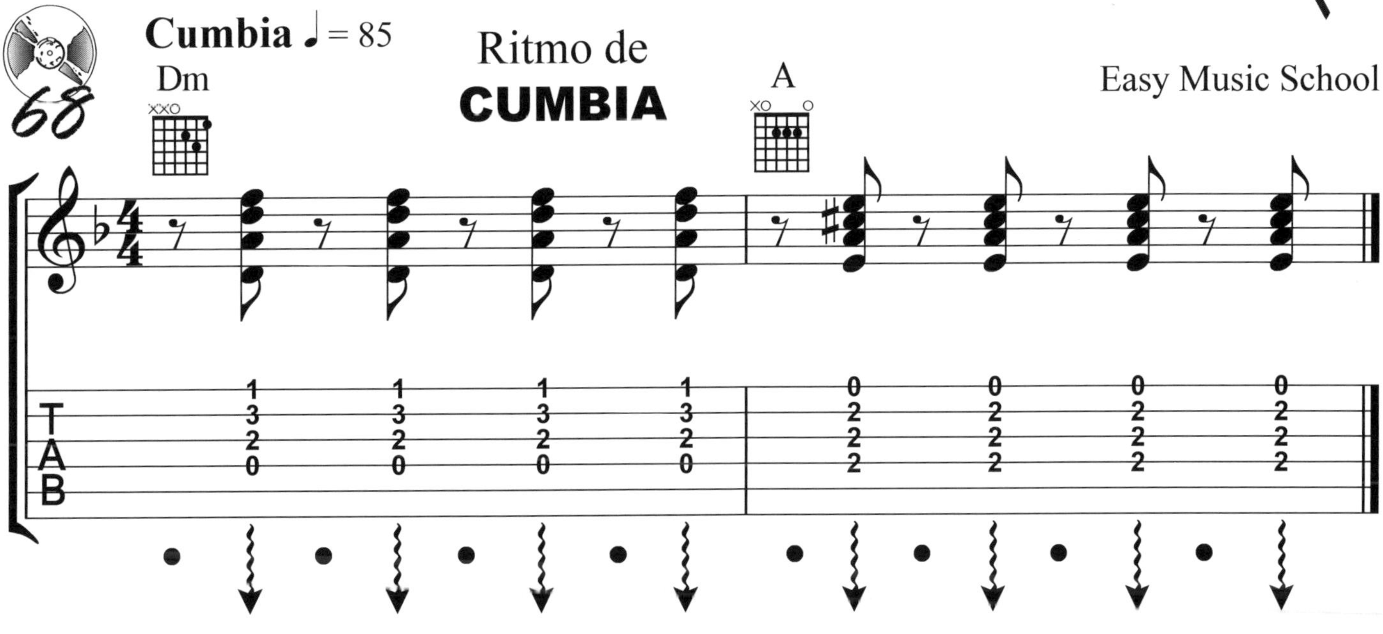

El acorde de Re7 (D^7)

Aquí tienes un nuevo acorde y un nuevo ritmo. En éste ritmo combinas las notas punteadas con el acorde completo. Una cosa muy importante es que cada uno de los ritmos que has aprendido se pueden usar combinando cualquier tipo de acordes. Experimenta con los ritmos y acordes que ya conoces, y disfruta al tocar la guitarra.

Re7 (Septima de dominante)

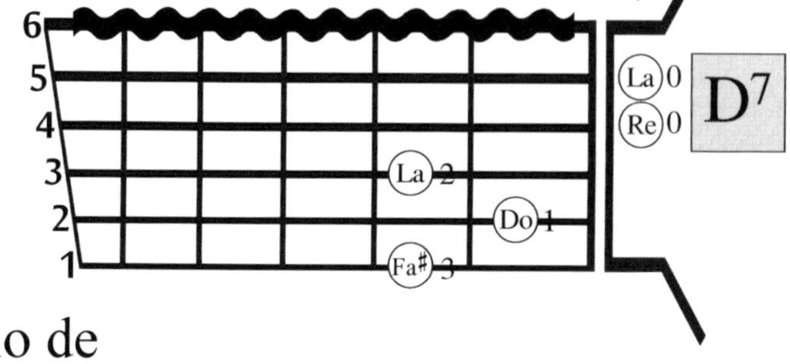

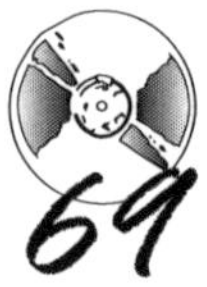

Arpegio ♩ = 85

Ritmo de
BALADA POP

Easy Music School

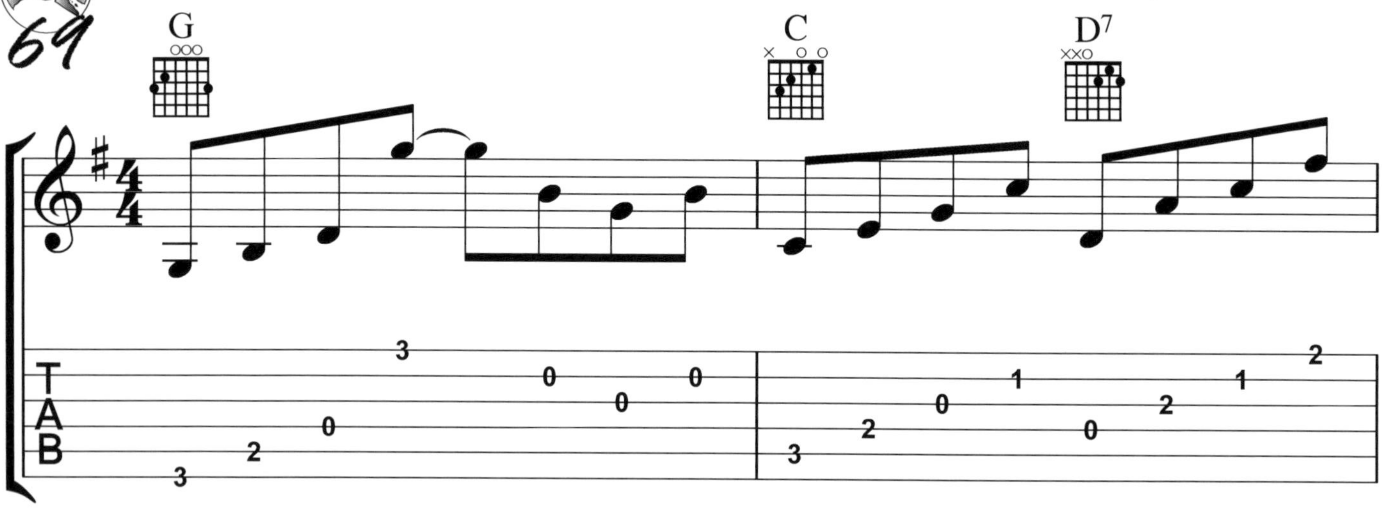

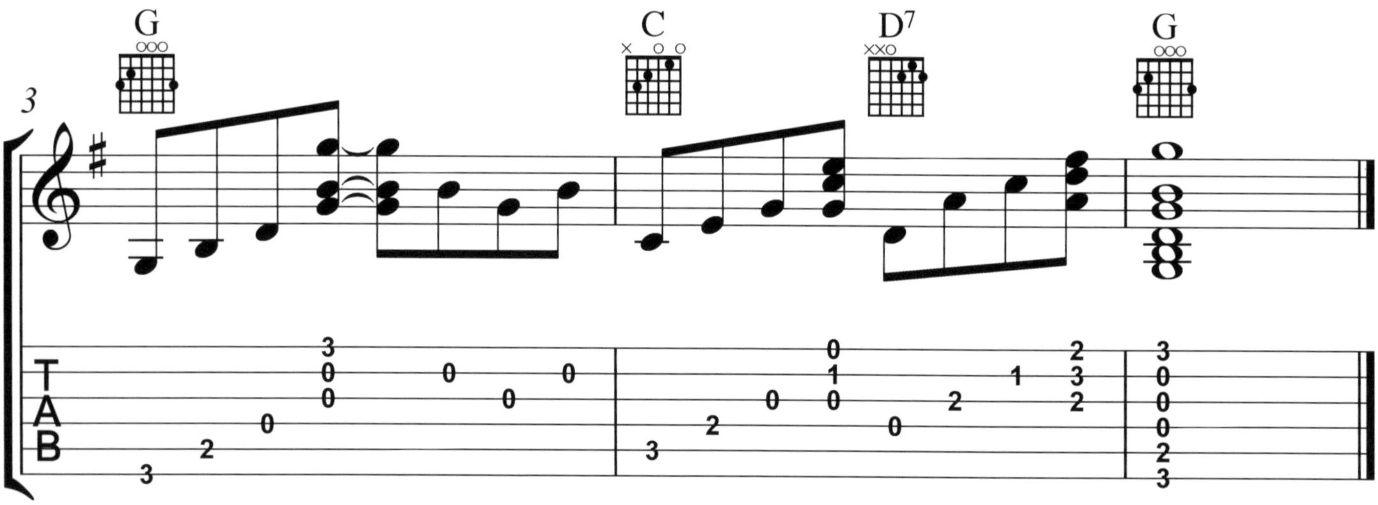

El acorde lo puedes tocar con el dedo índice para arriba, o con el pulgar para abajo, la diferencia es minima y de las dos maneras se escucha bien, lo importante es que toques bien clarito y que todas las notas se escuchen afinadas.

Practíca estas progresiones.

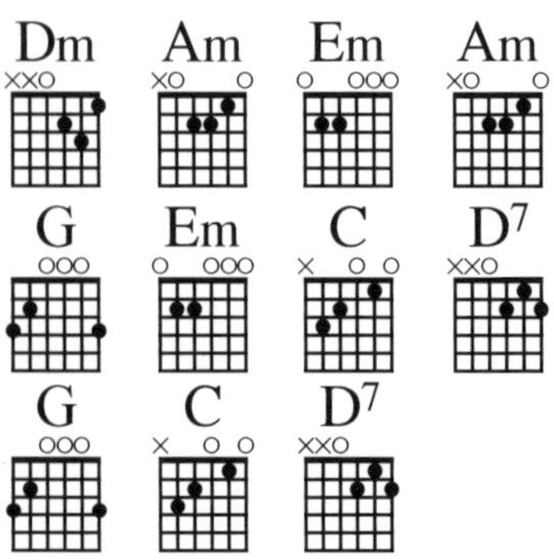

Toca cuatro veces cada acorde y luego cambialo al que sigue, son seis diferentes progreciones o círculos. Practicalos usando varos ritmos.

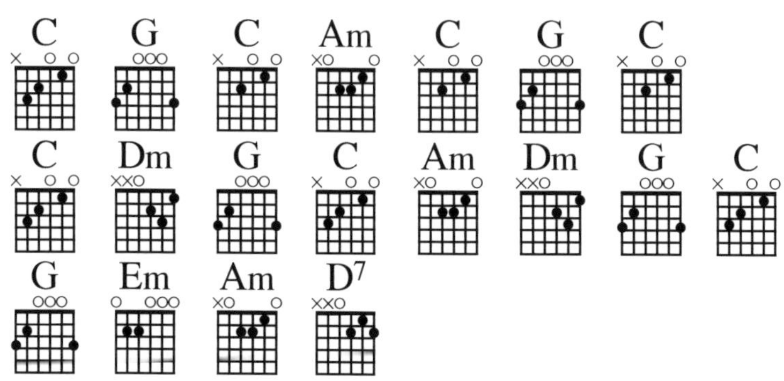

El acorde de La7 (A^7)

Aunque veas un monton de notas, éste ritmo debe ser fácil para ti. Las flechitas te dicen el rasgueo, si es para arriba o para abajo, y si sabes tocar los acordes, no es necesario que leas tantas notas.

¿En que tono está éste ritmo? ___________

¿Cual es la diferencia entre A y A^7? ___________

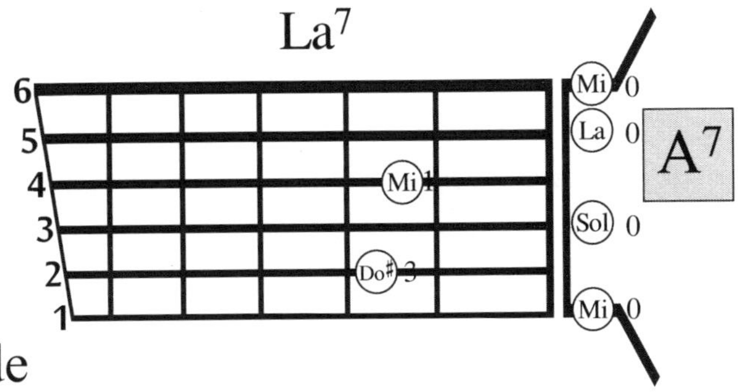

Ritmo de POP

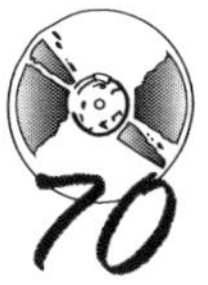

Pop ♩ = 92

Easy Music School

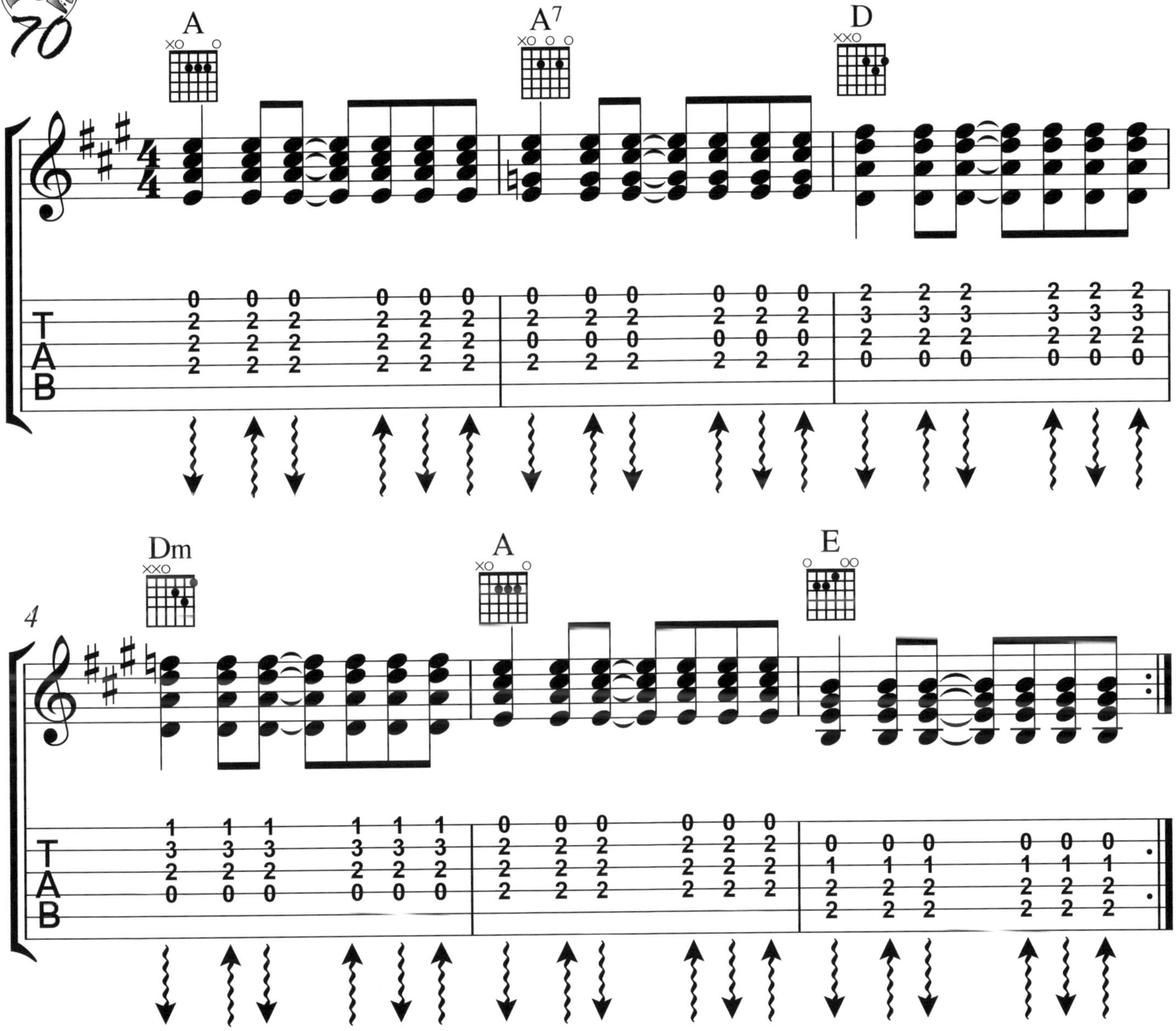

Toca éstas dos progresiones.

En el cuadrito de arriba de cada acorde, escribe el nombre correcto del acorde, y luego toca cada una de las progresiones. Usa los ritmos de Balada Pop, Cumbia, Balada Romantica y Balada Ranchera.

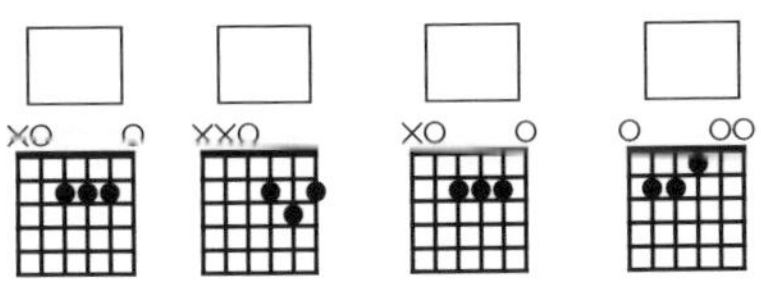

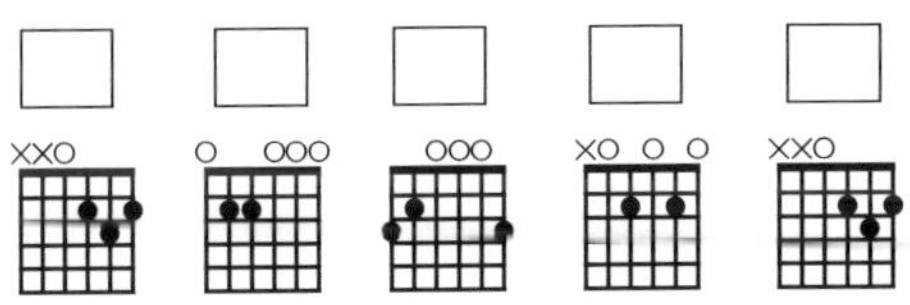

El acorde de Sol7 (G^7)

Éste ritmo va rapidito y al mismo tiempo lleva un bajeo en las cuerdas bajas de la guitarra. En la música popular se le llama primera de Do al acorde de Do (C), y segunda de Do al acorde de Sol⁷ (G^7). Hay miles de canciónes rancheras, corridos, rancheritas y corriditas que se toca toda la canción con solo estos dos acordes.

Sol⁷

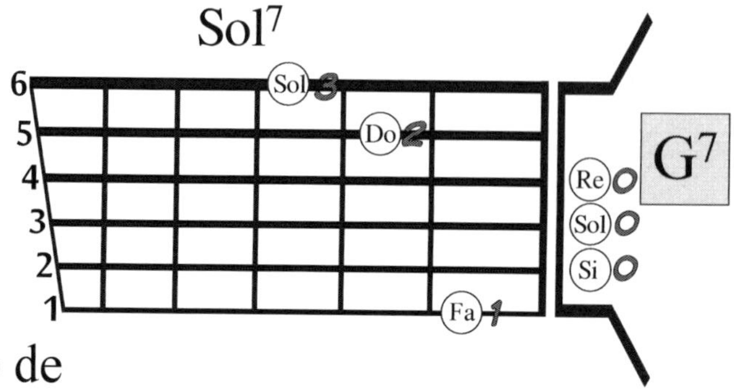

Ritmo de
RANCHERITA

71

Rancherita ♩ = 112

Easy Music School

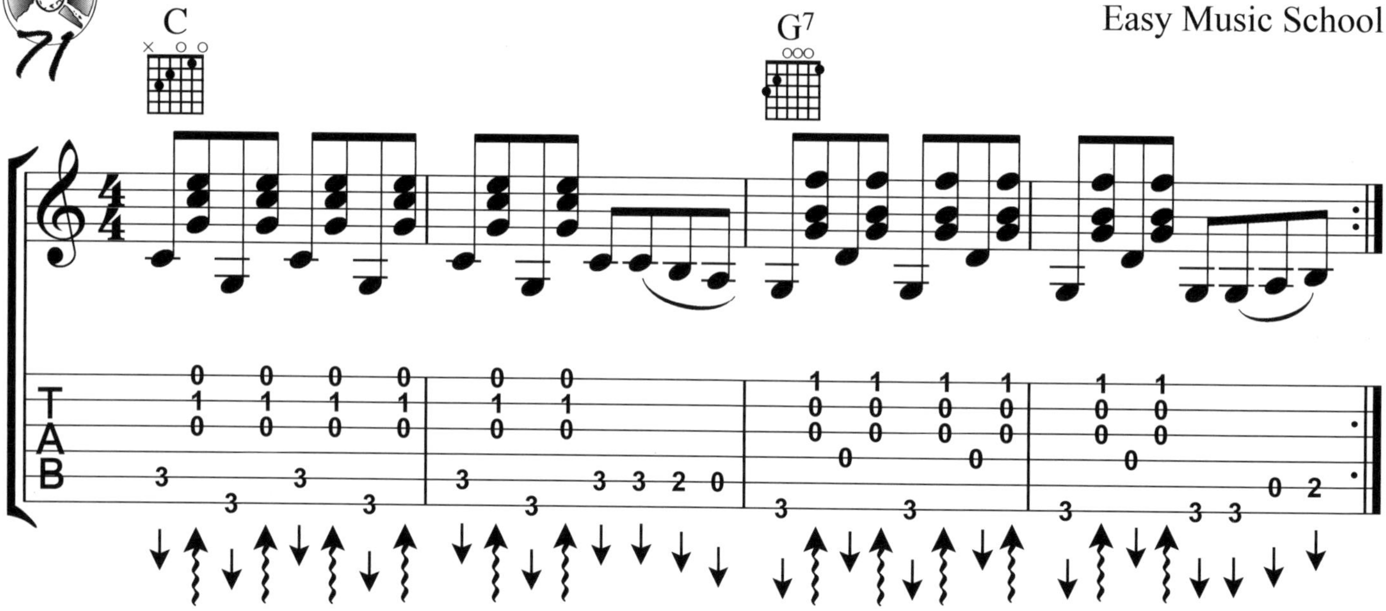

Progresiones más comunes.

A las progresiones se les dice también "circulos", por eso algunas personas le llaman "El círculo de Do" o "El círculo de Sol". Con éste tipo de círculos o progresiones, puedes tocar miles de canciónes usando diferentes ritmos o rasgueos. Éstas son algunas de las progresiones más comunes.

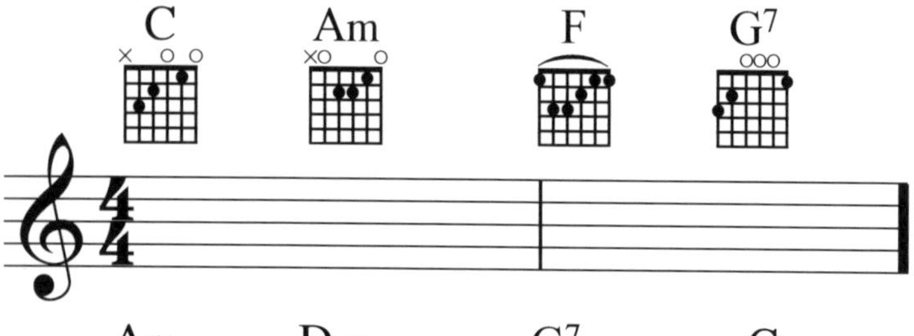

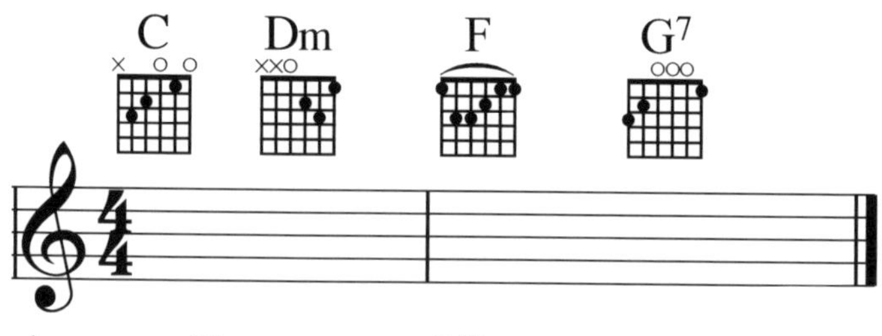

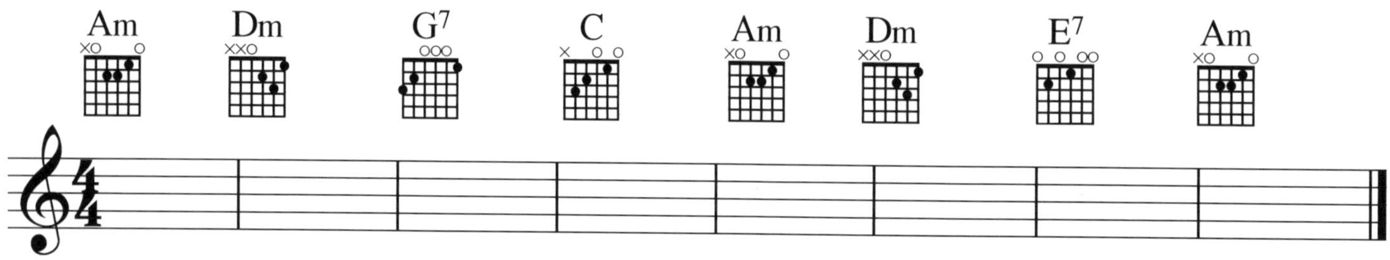

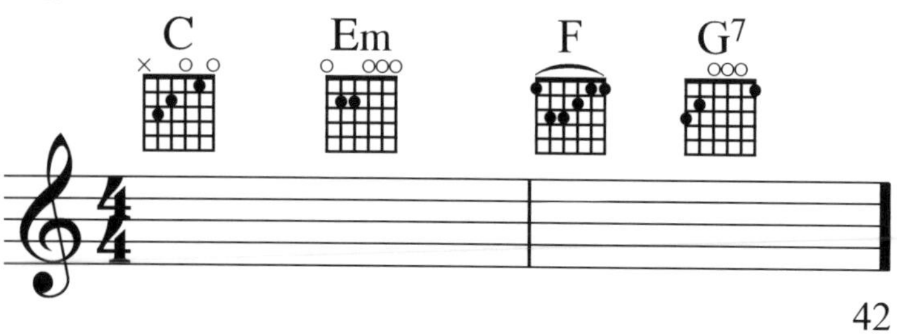

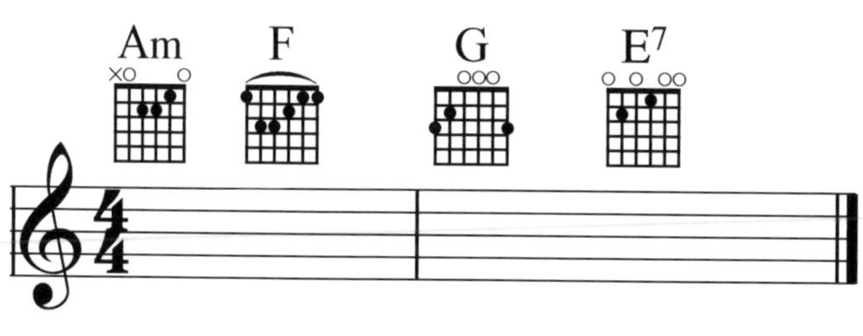

El acorde de Do7 (C7)
Acorde de Fa (F)
Acorde de Fa menor (Fm)

En éste ritmo hay tres acordes nuevos, pon mucha atención en al acorde de F y de Fm, con el dedo uno aprietas las seis cuerdas de la guitarra. Si puedes tocar éste ritmo ya estas listo para tocar miles de canciónes, felicidades!

Do7

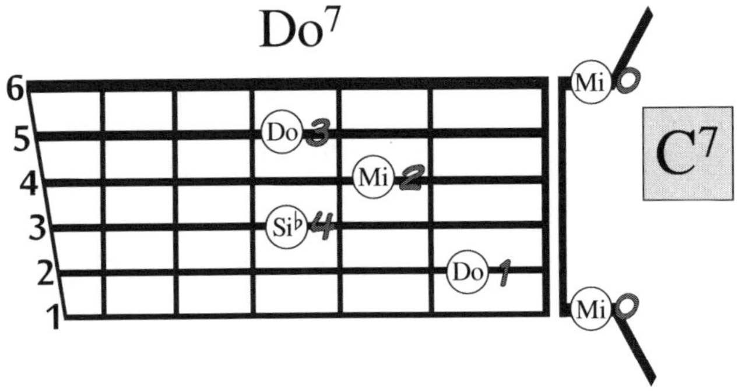

Ritmo de BALADA

Easy Music School

Moderato ♩ = 80

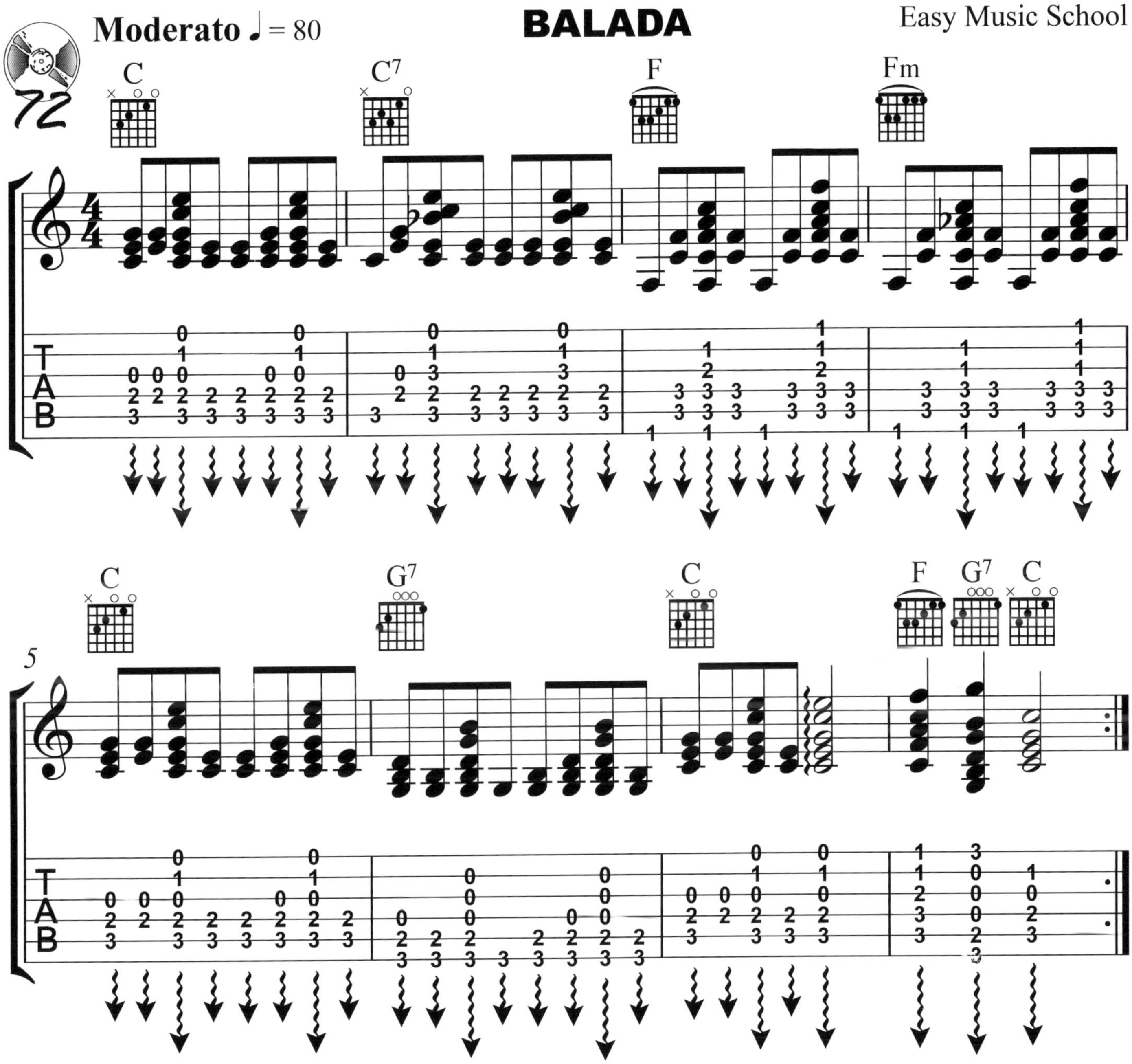

Fa Mayor

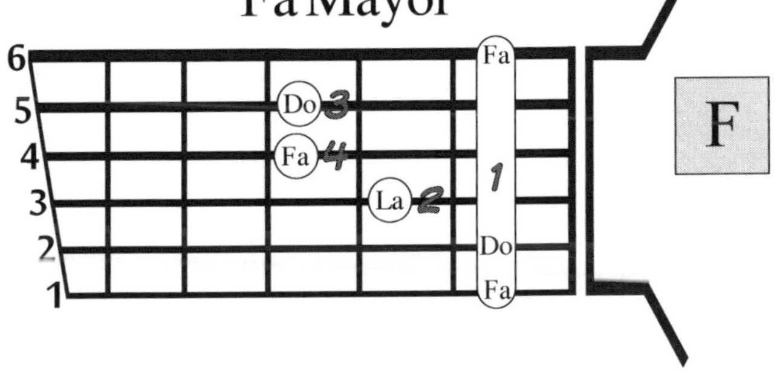

Fa menor

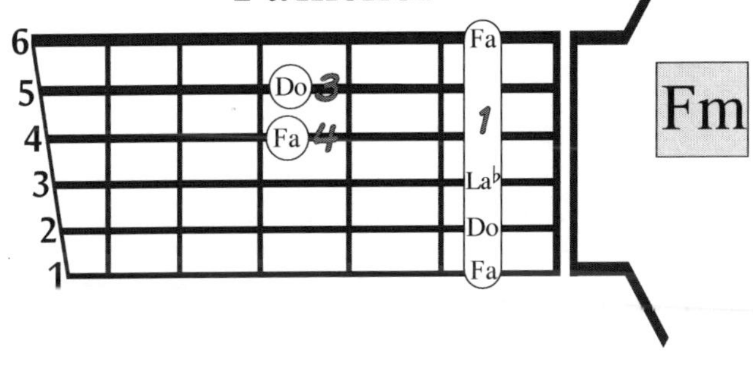

Como requintear

Escalas para requintear.

Al tocar una melodia con dos cuerdas en la guitarra, la primera y la segunda, se produce un sonido caracteristico del requinto. Fíjate en las notas que hay en la segunda cuerda, empezando de derecha a izquierda; son las notas de la escala de Do.
Las notas en la primera cuerda son las mismas notas de la escala de Do, pero comienzas en la tercer nota de la escala, que es Mi, por eso se le llaman terceras, porque comienzas en la tercer nota, de ésta forma se forman las terceras; Do-Mi, Re-Fa, Mi-Sol, Fa-La etc. Al tocar un requinto, normalmente se tocan puras terceras, ya sea de una por una, o los dos notas al mismo tiempo.

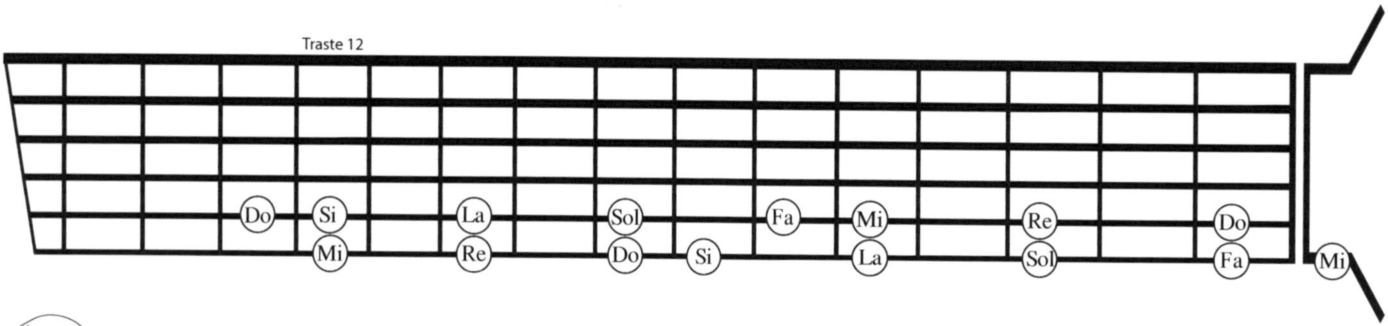

73

Escala de Do en terceras

Easy Music School

Allegro ♩ = 150

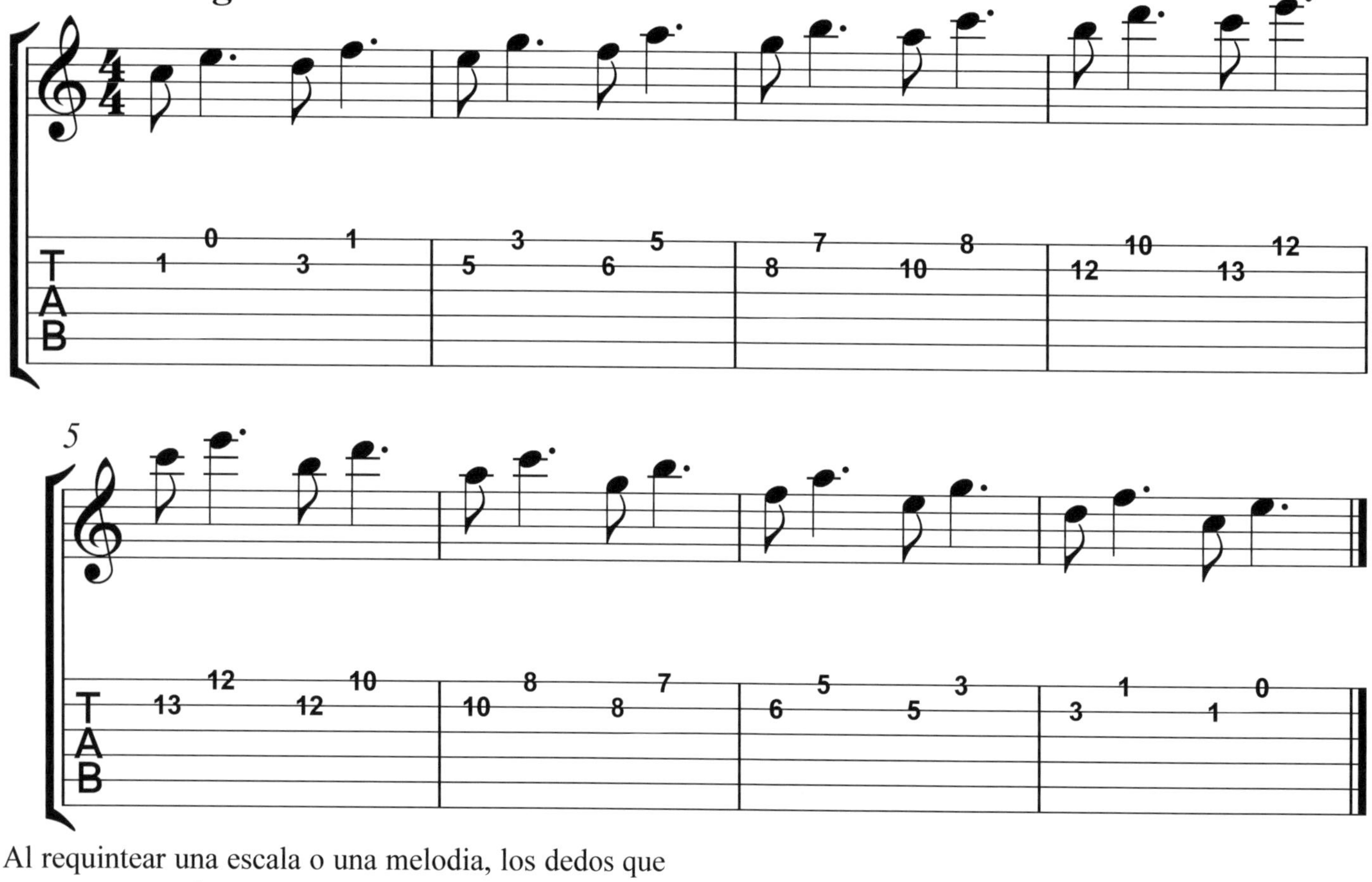

Al requintear una escala o una melodia, los dedos que uses son muy importantes, así que practica siempre usando los mismos dedos.

Escala de Re en terceras.

Aquí tienes otra forma de tocar las escalas de requinto, se escriben las dos notas juntas pero al tocarlas, las tocas en forma de arpegio y se escuchan muy bonitas.
En la proxima grafica te explico paso por paso.

Cuerda	Dedo	Traste	Nota		Cuerda	Dedo	Traste	Nota
Segunda	2	3	Re		Primera	1	2	Fa♯
Segunda	3	5	Mi		Primera	1	3	Sol
Segunda	3	7	Fa♯		Primera	1	5	La
Segunda	2	8	Sol		Primera	1	7	Si
Segunda	2	10	La		Primera	1	9	Do♯
Segunda	3	12	Si		Primera	1	10	Re
Segunda	3	14	Do♯		Primera	1	12	Mi
Segunda	2	15	Re		Primera	1	14	Fa♯

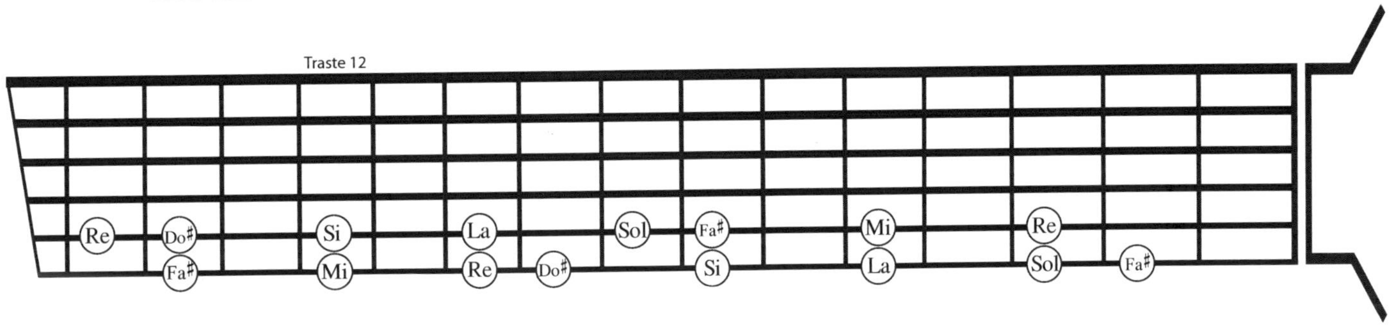

Escala de Re en terceras

74

Allegro ♩ = 135

Easy Music School

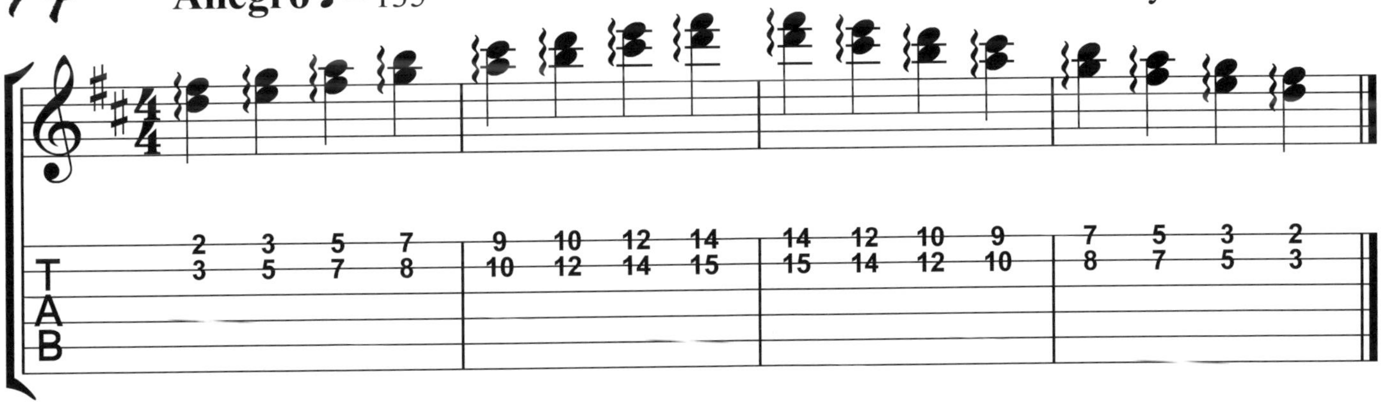

Al empezar a tocar las escalas dobles o escalas de terceras, como quieras llamarlas, va a ser un poco díficil, pero con la práctica cada vez las tocaras mejor. En ésta página están varias formas de explicar la misma escala, estudia todas y usa la que se te haga más fácil.
Felicidades por terminar éste libro. Éste es solo el comienzo de una larga carrera en la música, ahora ya estas listo para el segundo nivel, o para aprender otro instrumento.

La música no tiene fin y es una de las más bellas artes, tu amigo Victor M. Barba te desea lo mejor en ésta bonita profesión, sigue adelante hasta lograr hacer tus sueños realidad!

Acordes más comunes

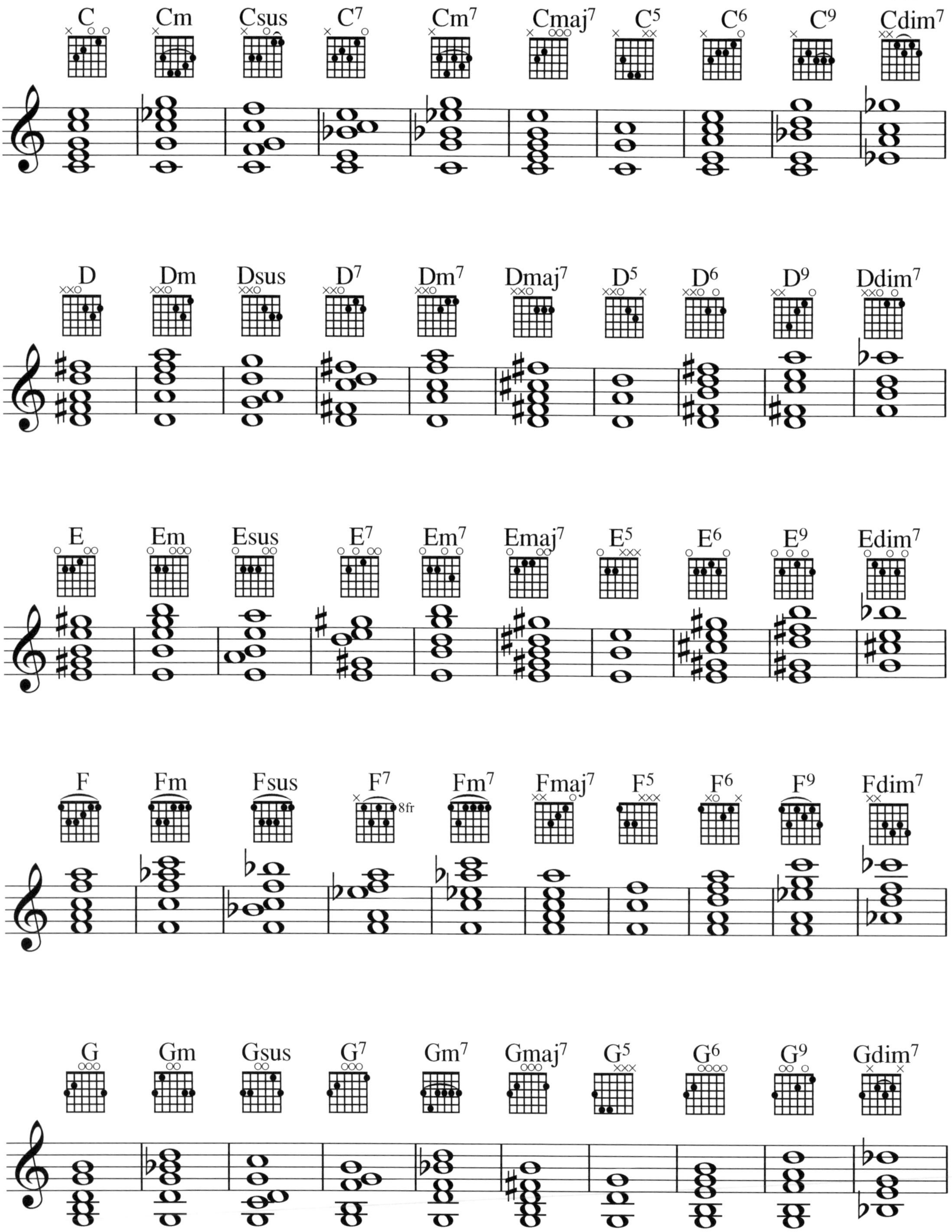

Acordes más comunes

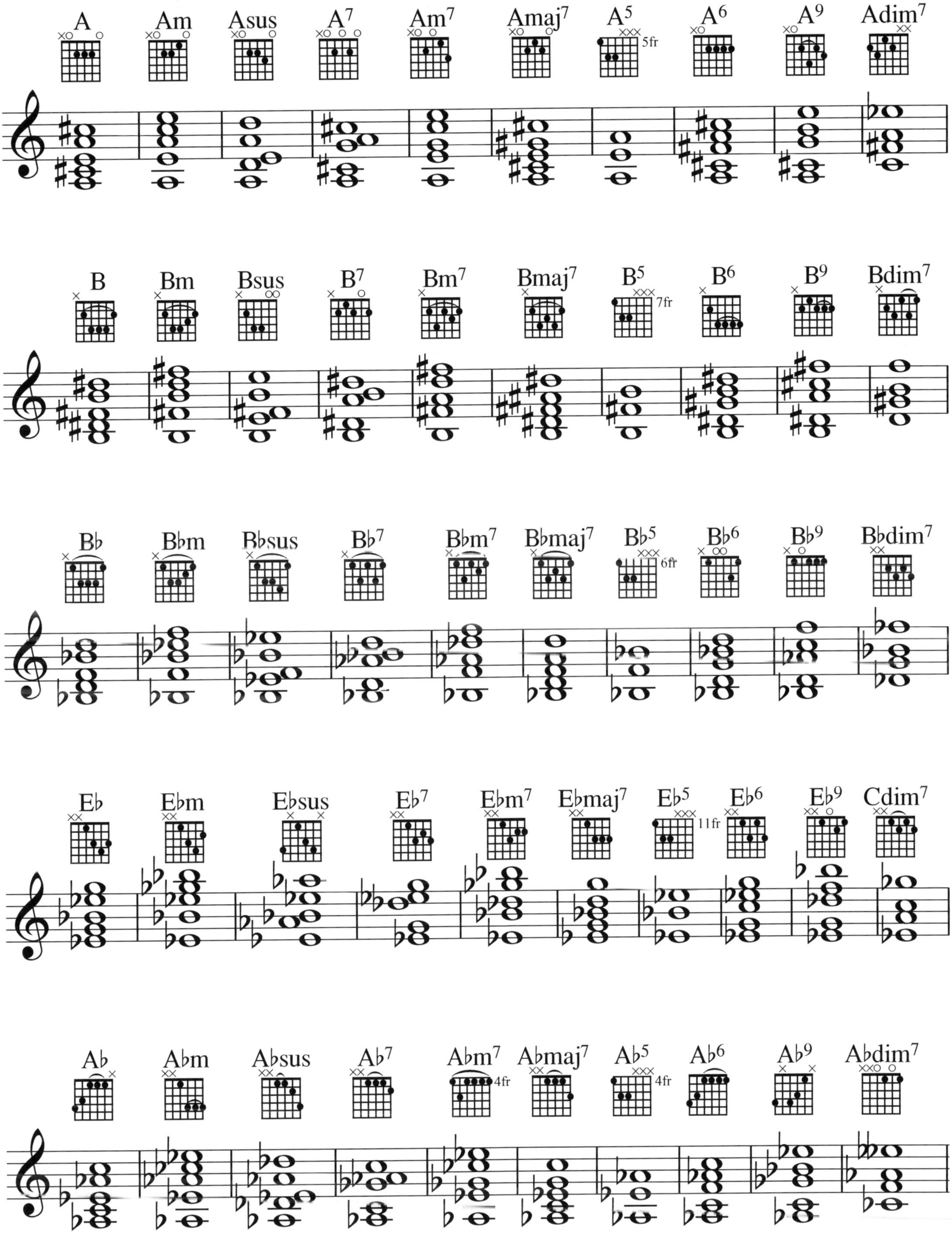

Easy Music School

Otorga el siguiente

Diploma

A

____

Por terminar exitosamente todo
el libro de Guitarra nivel 1

Felicidades

______________ EASY MUSIC ______________

FIRMA FECHA